_____님의
아름다운 동행을 응원합니다

고양이 집사 업무일지

Hello My Cat

글·그림 **김혜주** 작가
자문·감수 **차진원** 수의사

고양이 집사 업무일지에 소개 된 다양한 에피소드 상황을
먼·봉·휴·요 동영상으로 볼 수 있어요.

동양북스

초판 1쇄 발행 2018년 5월 15일 | 초판 6쇄 발행 2023년 1월 10일 | 글·그림 김혜주 작가 | 자문·감수 차진원 수의사 | 발행인 김태웅 | 편집주간 박지호 | 기획·책임편집 양정화 | 디자인 남은혜, 신효선 | 마케팅 총괄 나재승 | 제작 현대순 | 발행처 (주)동양북스 | 등록 제2014-000055호 | 주소 서울시 마포구 동교로22길 14 (04030) | 전화 (02)337-1737 | 팩스 (02)334-6624 | www.dongyangbooks.com | ISBN 979-11-5768-389-5 13490 | ⓒ 김혜주, 2018 | 본 책은 저작권법에 의해 보호를 받는 저작물이므로 무단 전재와 복제를 금합니다. | 잘못된 책은 구입처에서 교환해 드립니다.

이 도서의 국립중앙도서관 출판예정도서목록(CIP)은 서지정보유통지원시스템 홈페이지(http://seoji.go.kr)와 국가자료공동목록시스템(http://www.nl.go.kr/kolisnet)에서 이용하실 수 있습니다.
(CIP제어번호:CIP2018012926)

 작가의 말

안녕하세요. 먼지, 봉지, 휴지, 요지 네 마리의 고양이 집사 김혜주입니다.

고양이를 무서워하던 제가 어느새 고양이 집사 생활 8년 차에 접어들다니 놀랄 '노'자네요. 사람만 살던 우리 집에 새로운 생명체(?)가 들어오면서 제 삶에도 많은 변화가 찾아왔습니다. 고양이의 이야기로 매일매일 영상을 만들고, 풀풀 날리는 고양이 털쯤은 대수롭지 않은 일상이 되었지요. 할 일은 더 늘었고 매월 지출되는 고정비도 만만찮습니다. 또한 길고양이의 삶이 얼마나 척박하고 거친지도 비로소 알게 되었고요. 고양이를 새 식구로 맞는 순간 관심 없던 다른 세상이 보이기 시작하고 삶의 패턴까지 달라지는, 제 인생에 있어 중대한 사건이 되었습니다. 고양이가 없었다면 이런 멋진 책도 작업을 할 수 없었기에 저에게 찾아온 이 묘연이 더 특별하게 느껴집니다.

저는 유독 우리 집 첫째 고양이인 먼지에게 늘 미안하고 안쓰러운 마음이 많습니다. 초보 집사 시절이라 너무 무지했고 잘못된 정보로 많은 시행 착오를 겪어야 했지요. 제가 좀 더 알아보고 똑똑하게 대처했더라면 하는 안타까움이 후회로 남았어요. 저처럼 내 고양이가 나로 인해 아프거나 불편해지는 걸 바라는 사람은 없을 거예요. '내 고양이는 지금 행복할까? 어떻게 하면 내 고양이가 행복할 수 있을까?' 라고 고민을 하는 당신은 이미 좋은 집사가 될 준비가 충분하답니다. 저희 가족의 경험담이 모든 집사님과 고양이들의 행복한 일상에 조금이라도 도움이 되었으면 좋겠습니다.

『고양이 집사 업무일지』는 정보로만 이루어진 책이 아니라 반려묘와의 첫 만남부터 긴 이별의 순간까지 일어날 수 있는 수많은 에피소드와 함께 관련 팁을 알차게 담은 책입니다. 또한, 궁금증을 묻는 코너에서 차진원 원장님이 알려주는 올바른 지식을 통해 유익한 정보도 얻고 궁금했던 부분도 속 시원히 알 수 있어요. 더불어 고양이의 건강 상태를 기록하고 소중한 순간을 남길 수 있는 다이어리도 포함되어 있습니다. 반려묘와 함께하는 사람이라면 모두 공감할 수 있는 그런 책이 될 것입니다.

Thanks to... 그림 그리는 걸 좋아하지만 만화는 그려본 적 없는 저를 믿고 좋은 기회를 주신 양정화 편집자님, 저를 또 한 차례 공부시켜주신 차진원 원장님, 우리 고양이들을 진심으로 아껴주시는 랜선 집사님들, 늘 뒤에서 응원하고 도와주는 남편 김경수 씨 고맙습니다.
나에게 새로운 행복을 알게 해 준 세상의 모든 고양이, 고마워.

행복한 고양이 집사 김혜주

냥님 입양기

냥님 먹거리

01. 고양이 이해하기	10
02. 고양이 입양 준비	14
03. 고양이 입양	18
04. 고양이 첫 식사	22
05. 고양이 잠자리	26
06. 고양이 배변훈련	30
07. 고양이 합사	34

01. 고양이 주식	40
02. 고양이 간식 I	44
03. 고양이 간식 II	48
04. 고양이 다이어트	52

냥님의 일상

건강한 냥님

01. 고양이 본능과 습성	58
02. 고양이에 대한 오해	62
03. 고양이 소통법	66
04. 고양이의 수면	70
05. 고양이 혼자 있기	74
06. 고양이 놀이	78
07. 고양이 훈련	82

01. 구토, 설사	88
02. 눈, 치아 건강	92
03. 건강의 핵심, 물	96
04. 사람에게 옮기는 질병	100
05. 중성화 수술	104
06. 예방과 관리	108

Part 5 청결한 냥님

- 01. 고양이 발톱 관리 — 114
- 02. 고양이 털 관리 — 118
- 03. 고양이 목욕 — 122
- 04. 고양이 미용 — 126

Part 6 냥님과 쇼핑

- 01. 장난감, 사냥놀이 — 132
- 02. 스크래쳐, 캣타워 — 136
- 03. 필수용품 — 140
- 04. 안전용품 — 144
- 05. 옷, 유용한 액세서리 — 148

Part 7 길냥이 이야기

- 01. 길고양이 밥주기 — 154
- 02. 길고양이 돕기 — 158

Part 8 노년과 이별

- 01. 고양이도 늙는다 — 164
- 02. 무지개다리를 건너다 — 168

Preview

첫 만남부터 긴 이별까지...
반려묘의 모든 순간을
기록한 업무일지

#톡!톡!톡!
냥님을 잘 모시기 위해
필요한 정보와 경험담을
들어볼 수 있어요.

#궁금해요
SBS TV동물농장 자문 수의사
차진원 원장님께서 집사들이
잘못 알고 있는 지식의 오류를
바로잡아주는 시간이에요.

궁금해요

#고양이 입양 시기 #준비물 #수면시간

입양하기 가장 좋을 때는 언제인가요?
- 입양하는 고양이를 가족 구성원으로 받아들일 준비가 되었을 때죠. 마음의 준비 없이 입양하는 것은 곤란해도 무방합니다.
- 마음의 준비도 되었다면 시기는 언제가 좋을까요?
- 굳이 시기를 정한다면 계절적으로 안전한 봄과 가을이 좋아요.
- 봄과 가을 - 좋은 계절이에요! 특별한 이유가 있나요?
- 계절적으로 날씨 차이가 심하면 스트레스로 인한 질환들이 찾아오는 경우가 많으니 호흡기 증상과 소화기 증상이 덜 발생하는 안전한 계절이 좋죠.

입양을 준비하며 꼭 필요한 준비물이 있을까요?
- 첫 번째는 책임질 수 있는 마음가짐 두 번째는 집과 사료, 모래와 화장실 같은 고양이를 위한 의식주 준비 세 번째 고양이에 대한 기본적인 지식이죠.
- 마음과 돈, 지식!
- 무엇을 먹이면 안 되는지, 예방접종의 시기 등 아플 때 어떻게 해야 할지 기본적인 지식이 필요해요.
- 급할 때 인터넷에서 찾아보면 될까요?
- 음... 되도록 의사 판단적인 마시고 병원에 먼저 문의하는 것이 좋을듯합니다.

아깽이들 수면시간은 얼마나 되나요?
- 보통 어린 고양이는 하루에 20시간 전후로 잠을 자고 성묘도 15시간에서 17시간 정도 잠을 자요.
- 우와.. 어릴 때는 그럴지 쳐도 커서도 오래 자고 오래 잔다고 크게 걱정할 만한 게 아니라고요?
- 몸이 아픈 경우에도 잠을 더 잘 수도 있으니 잠자는 시간을 체크하는 것이 중요해요.
- 얘 이렇게 오래 자요?
- 귀여운 것도 알아서 열심히 해주면 좋겠죠?
- -네?

    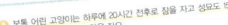 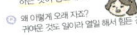

톡!톡!톡!

고양이 입양 시 필수품

사료 / 간식 / 모래 / 이동장 / 화장실

입양 전 반드시 준비가 완료돼야 하는 물품이에요.
이동장을 미처 준비 못 하는 경우가 많은데 입양처에서 집까지 고양이를 안전하게 데려가기 위해서 이동장은 필수입니다. 이 안에 있다가 튀어나가거나 큰일이 생길지도 몰라요.
쿠션이나 스크래쳐, 장난감 등은 냥님이 새로운 가정에 적응한 다음 천천히 준비해도 괜찮아요.

묘종 이야기
러시안블루 Russian Blue

- 고 향: 영국, 러시아
- 체 형: 포린
- 털 길이: 단모
- 모 색: 초록색 눈, 청회색 털과 근육질의 매끈한 몸
- 성 격: 매우 조용하고 목소리가 작은 편, 온순하고 다정함

사프한 외모 때문에 첫인상이 도도해 보일 수 있지만, 애정 표현을 잘하고 은순해서 초보 집사에게도 알맞은 품종이에요. 낯을 많이 가리는 편이라 주인에게만 온 애정을 쏟는답니다. 수다스럽지 않고 조용하기 때문에 유명합니다. 짙은 은빛을 띠는 청회색 털에 물기가 자르르 흐르는 듯해요. 덕분에 노 욕심을 물이 더욱 돋보이죠. 어릴 때는 노란색이던 눈이 성묘가 되면서 영롱한 초록색으로 바뀌어요.

#묘종 이야기
예비 집사는 반드시
자신이 모실 냥님에 대한
기초 지식이 필요하죠.
미리 다양한 묘종의 정보를
알아볼 수 있어요.

Part 1
냥님 입양기

01. 고양이 이해하기
02. 고양이 입양 준비
03. 고양이 입양
04. 고양이 첫 식사
05. 고양이 잠자리
06. 고양이 배변훈련
07. 고양이 합사

01 고양이 이해하기

고양이를 무서워했던 나

어릴 적 전설의 고향에서 들었던 고양이의 무서운 울음소리가 각인 되었기 때문일까요? 음식물 쓰레기를 뒤지는 길고양이들의 모습이 살갑지 않았기 때문일까요? 고양이 하면 불길함이 먼저 떠오르곤 했습니다. 이렇게 사랑스러운 친구들이란 걸 모른 채 무려 25년 동안 고양이를 오해하며 살았어요. 고양이는 꽤 **똑똑한 동물이며 사람을 사랑할 줄 아는 동물이랍니다.**

#2 고양이와의 첫 만남

고양이는 강아지와 많이 달라요.

반갑다고 꼬리 치며 달려오는 강아지의 소통법에 익숙했던 저는 고양이의 모든 것이 새롭고 신기했어요. 강아지와 달리 높은 곳에 풀쩍 잘 올라가고 발톱도 발 속에 숨겨져 있어요. 주인의 말은 잘 따르지 않고 그들만의 의사 표현 방식이 따로 있다고 해요. 냥님 모시기, 예습이 꽤 필요한 일이랍니다.

Part 1 냥님 입양기

#고양이에 대한 오해 #집사 #강아지와 고양이 사이

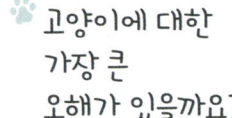

고양이에 대한 가장 큰 오해가 있을까요?

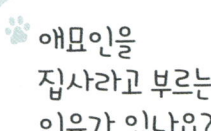

Ⓐ 고양이를 이기적인 동물 또는 신비한 동물로 생각하는 경우가 있지만, 사실은 강아지와 마찬가지로 사람을 의지하고 따르며 심지어 교육과 학습도 가능한 동물이랍니다.

Ⓠ 그런 점은 강아지와 비슷하네요! 그럼 다른 점은 어떤 게 있을까요?

Ⓐ 고양이는 영역 위주의 동물로 강아지와는 달리 서열보다는 자기 영역을 지키려는 습성이 강해요. 이러한 영역 싸움이 서열 싸움으로 비치는 경우가 종종 있지요.

애묘인을 집사라고 부르는 이유가 있나요?

Ⓐ 고양이는 기른다기보다는 모신다는 표현을 많이 하죠. 고양이 특유의 독립적인 성향 때문인데요, 이것과 관련한 재미있는 영어 단어가 있어요. 고양이는 영어로 cat, 강아지는 dog, 새끼 고양이는 kitten, 새끼 강아지는 puppy이죠. 그렇다면 암컷 강아지와 암컷 고양이는 뭘까요?

Ⓠ She…?

Ⓐ 하하. 암캐는 Bitch, 암고양이는 Queen이라고 합니다.

Ⓠ Queen?! 여왕님이요?!

Ⓐ 고양이 앞에서 애묘인 자신을 스스로 낮추는 건 어느 나라나 똑같지요.

강아지와 고양이는 서로 앙숙이라던데 사실인가요?

Ⓐ 고양이의 영역 본능과 강아지의 서열 본능이 부딪히지 않는다면 의외로 사이좋게 지내는 경우가 많습니다.

Ⓠ 사이좋게 엉켜 자는 사진은 판타지인 줄 알았는데… 가능한 거였군요!

냥이와 첫 만남, 첫 설렘

아기 시절의 탄이

지금은 늠름한 아재 냥이

저를 냥덕의 세계로 인도한
바로 그 고양이 탄이입니다.
지금은 9살이나 먹은 아재 고양이예요.
고양이를 키우기 전에 고양이를 키우는 지인의 집이나 고양이 카페에서
고양이를 미리 경험해 보는 것을 추천해요.

묘종 이야기

고양이의 체형 종류

🐾 단모   🐾 장모

고양이는 품종과 상관 없이 몸집이 거의 비슷해 크기로 분류하기는 조금 어려워요.(유독 큰 몸집의 냥님은 대형묘로 구분하기도 해요) 대신 털의 길이로 '단모', '장모'를 구분하고 얼굴과 몸의 생김새로 '체형'을 나눕니다.

🐾 **오리엔탈**
길고 늘씬한 몸통, 아주 큰 귀,
V라인 얼굴, 가늘고 긴 꼬리

 🐾 **코비**
땅딸막하고 통통한 몸통,
아주 납작한 코,
짧은 주둥이, 둥근 발

 🐾 **포린**
오리엔탈 보다는 조금 굵지만
슬림한 몸통, 넓고 높은 콧대,
작고 갸름한 얼굴

 🐾 **세미코비**
코비에 비해 긴 몸통,
작고 통통한 체형, 동그란 얼굴,
다소 납작한 코

 🐾 **세미포린**
오리엔탈과 코비의 중간형,
포린에 비해 짧은 근육질 몸통,
살짝 동그랗지만 나름 V라인 얼굴

 🐾 **롱앤드섭스텐셜**
어떤 체형에도 속하지 않는 체형,
넓은 가슴 폭,
전체적으로 크고 튼튼한 몸집

Part 1 냥님 입양기

02
고양이 입양 준비

#1 예비 집사의 폭풍 쇼핑

사지 말고 입양하세요!

한 집사의 러시안블루 고양이가 새끼 고양이 다섯 마리를 낳았고 그중 한 아이를 제가 데려오게 되었어요. 저처럼 일반 가정이나 지인을 통해 만나는 경우도 있고 동물 보호 단체에서 입양을 기다리고 있는 유기묘를 데려올 수도 있어요. 아깽이 입양을 원할 땐 태어난 지 3개월이 지난 아이가 좋아요. 어미와 3개월 정도는 함께 지내야 면역력도 강해지고 사회성도 배울 수 있거든요.

#2 무심한 집사가 되겠어!

먼저 나올 때까지 기다려주세요.

영역 동물인 고양이는 장소에 몹시 예민합니다. 아기 고양이도 마찬가지라 집에 데려오면 구석으로 달려가 숨을 거예요. 이때 구석에 못 들어가게 막거나 억지로 꺼내진 말아주세요. 이곳이 위협적인 장소가 아니란 걸 알게 되면 천천히 나올 거예요. 먼지는 침대 밑에서 나오기까지 꼬박 하루가 걸렸답니다. 침대 밑이나 TV장 아래 등 숨기 좋은 장소는 미리 깨끗하게 청소해 두는 것도 잊지 마세요.

Part 1 냥님 입양기

#고양이 입양 시기 #준비물 #수면시간

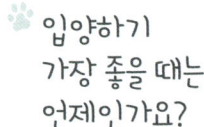

입양하기 가장 좋을 때는 언제인가요?

🅐 입양하는 고양이를 가족 구성원으로 받아들일 준비가 되었을 때죠. 마음의 준비 없이 입양한다는 것은 굉장히 무책임하니까요.

🅠 마음의 준비도 되었다면 시기는 언제가 좋을까요?

🅐 굳이 시기를 정한다면 계절적으로 안전한 봄과 가을이 좋아요.

🅠 봄과 가을… 좋은 계절이네요! 특별한 이유가 있나요?

🅐 계절적으로 날씨 차이가 심하면 스트레스로 인한 질환들이 찾아오는 경우가 많으니까 호흡기 증상과 소화기 증상이 덜 발생하는 안전한 계절이 좋겠죠.

입양을 준비하며 꼭 필요한 준비물이 있을까요?

🅐 첫 번째는 책임질 수 있는 마음가짐! 두 번째는 집과 사료, 모래와 화장실 같은 고양이를 위한 의식주 준비! 세 번째는 고양이에 대한 기초적인 지식이죠.

🅠 마음과 돈, 지식!

🅐 무엇을 먹이면 안 되는지, 예방접종의 시기 등 아플 때 어떻게 해야 할지 기본적인 지식이 필요해요.

🅠 급할 때 인터넷에서 찾아봐도 될까요?

🅐 음… 되도록 자가 판단하지 마시고 병원에 먼저 문의하는 것이 좋을듯합니다.

야깽이들 수면시간은 얼마나 되나요?

🅐 보통 어린 고양이는 하루에 20시간 전후로 잠을 자고 성묘도 15시간에서 17시간 정도 잠을 자요.

🅠 우와… 어릴 때는 그렇다 쳐도 커서도 오래 자네요. 오래 잔다고 크게 걱정할 만한 게 아니었군요!

🅐 몸이 아픈 경우에도 잠을 더 잘 수 있으니 잠자는 시간을 체크하는 것이 중요해요.

🅠 왜 이렇게 오래 자죠? 귀여운 것도 일이라 열일 해서 힘든 건가요?

🅐 …네?

고양이 입양 시 필수품

간식 / 모래 / 사료 / 이동장 / 화장실

입양 전 반드시 준비가 완료돼야 하는 물품이에요.
이동장을 미처 준비 못 하는 경우가 많은데 입양처에서 집까지 고양이를 안전하게 데려오기 위해서 이동장은 필수입니다! 손 안에 있다가 뛰쳐나가면 큰일이 생길지도 몰라요.
쿠션이나 스크래쳐, 장난감 등은 냥님이 새로운 가정에 적응한 다음 천천히 준비해도 괜찮아요.

모종 이야기 1번째

러시안블루 Russian Blue

- 🐾 고　향　영국, 러시아
- 🐾 체　형　포린
- 🐾 털 길이　단모
- 🐾 외　모　초록색 눈, 청회색 털과 근육질의 매끈한 몸
- 🐾 성　격　매우 조용하고 목소리가 작은 편, 온순하고 다정함

샤프한 외모 때문에 첫인상이 도도해 보일 수 있지만, 애정 표현을 잘하고 온순해서 초보 집사에게도 알맞은 품종이에요. 낯을 많이 가리는 편이라 주인에게만 온 애정을 쏟는답니다. 수다스럽지 않고 조용하기로도 유명해요. 짙은 은빛을 띠는 청회색 털에 윤기가 자르르 넘칩니다. 덕분에 근육질의 몸이 더욱 돋보이죠. 어릴 때는 노란색이던 눈이 성묘가 되면서 영롱한 초록색으로 바뀌어요.

03 고양이 입양

#1 의욕 만땅 초보 집사

쇼핑은 꼭 필요한 것만!

설레는 마음을 안고 접속한 고양이용품 쇼핑몰! 초보 집사의 넘치는 의욕으로 이것저것 구매했다가 대실패를 맛보았죠. 자동 장난감은 시끄럽고 무서운지 피하기만 했고 낯선 냄새 가득한 쿠션은 거들떠보지도 않았습니다. **필수품만 먼저 준비하고 나머지 용품은 고양이의 성향을 파악 후 천천히 구매합시다!**

#2 생애 첫 동물병원

병원에
데려가 주세요.

냥님이 새로운 환경에 적응하고 나면 꼭 동물병원에 데려가 주세요. 예방접종은 물론이고 눈, 항문, 피부, 귀 등을 살펴보고 외형적으로 건강한지 체크가 필요합니다. 막내 고양이 요지는 입양 전부터 피부병을 달고 왔었어요. 다행히 병원에 일찍 들른 덕분에 피부병을 조기에 치료할 수 있었답니다.

Part 1 냥님 입양기

#고양이 전문 병원 #예방접종

고양이 전문 병원이 따로 있나요?

A 최근 반려묘 인구가 급증하면서 고양이 전문 병원도 많이 생겼어요.

Q 그럼 고양이만 진료하는 병원인가요?

A 고양이만 진료하는 병원도 있고, 강아지, 고양이 진료 공간을 따로 나눈 곳도 있어요.

Q 일반 동물병원과 어떻게 다른가요?

A 고양이가 안정을 취할 수 있게 진료대 없이 바닥에 앉아서 진료를 보거나 고양이만을 위한 대기실이 있고 고양이 전문 의료진을 따로 두기도 해요.

Q 우와… 점점 고양이가 살기 좋은 세상이 되어가는 것 같아요.

고양이 예방접종은 어떻게 하나요?

A 생후 2개월부터 3~4주 간격으로 3회 접종하고, 매년 정기적으로 챙겨주면 됩니다.

Q 어떤 질병을 예방할 수 있나요?

A '4종 백신'과 '5종 백신'으로 나뉘는데 4종은 허피스바이러스, 칼리시바이러스, 파보바이러스, 클라미디아균을 예방할 수 있어요. 5종은 고양이 백혈병 백신이 추가됩니다.

Q 고양이도 광견병 주사를 맞아야 하나요?

A 고양이도 온혈동물이므로 1년에 한 번씩 광견병 예방접종을 해야 해요.

Q 심장사상충 얘기도 들은 것 같은데…

A 강아지보다 심장사상충증 발병률은 낮지만 한두 마리의 심장사상충도 고양이에게 치명적이므로 예방하는 게 좋습니다.

Q 심장 사상충 예방은 언제 하는 것이 좋나요?

A 모기가 눈에 띄는 1개월 전부터 사라진 뒤 1개월 후까지, 매월 1회 투여하거나 발라주시면 됩니다.

고양이에게 위험한 요소 미리 치우기

✓ 삼키면 위험한 물건은 서랍 속에

✓ 깨지는 물건 치우기

✓ 변기 뚜껑 덮어두기

앞으로 냥님과 함께 살기 위해선 위험 요소를 미리미리 치워 두는 게 좋아요! 이제 책상도, 싱크대도 더 이상 사람만의 영역이 아니에요.
냥님은 높은 곳에도 척척 잘 올라가기 때문이지요.
깨지기 쉬운 물건은 잘 치워주세요. 실이나 끈을 가지고 놀다가 삼킬 경우 위험해질 수 있으니 주의해야 합니다. 특히 변기 뚜껑은 항상 덮어 두어야 해요. 새끼 고양이가 변기에 빠지는 일이 생길 수 있고 성묘는 변기 속 물을 찹찹 맛있게(?) 마셔대기도 하거든요.

묘종 이야기 2번째

샴(샤미즈) Siamese

- 🐾 고　　향　태국
- 🐾 체　　형　오리엔탈
- 🐾 털 길이　단모
- 🐾 외　　모　푸른 눈. 크림색 털에 짙은 색의 포인트(귀, 얼굴, 다리, 꼬리), 호리호리하고 늘씬한 체형
- 🐾 성　　격　수다스럽고 호기심이 많음. 낯을 가리지 않고 사람을 좋아함

고급스러운 외모답게 샴(태국의 옛 왕국 이름)의 왕족만 기를 수 있었다는 왕실 출신 고양이입니다. 어릴 때는 포인트 컬러가 옅지만 성묘가 될수록 짙고 넓어져요. 매사에 호기심이 많고 활동적이라 고양이계의 비글이라 불리기도 해요. 그만큼 애정표현도 적극적이라 사랑스러운 냥님입니다. 꽤 수다스러워 다양한 울음소리를 내곤 해요. 포인트 컬러에 따라 씰, 초코, 라일락, 블루, 레드, 링스 포인트로 분류됩니다.

Part 1 냥님 입양기

04 고양이 첫 식사

#1 희대의 냥알못

아기 고양이에겐 자묘용 사료를!

고양이의 사료는 자묘용, 성묘용, 노묘용으로 나뉩니다. 생후 12개월까지는 꼭 자묘용 사료를 먹여주세요. 성장기 고양이에게 맞는 영양으로 설계되어 있으니까요. 반대로 성묘가 자묘용 사료를 먹으면 살이 찌기 쉬워요. 꼭 연령대에 맞는 사료를 준비해주세요.

#2 사료 뤼팽?

먼저 먹으러 나올 때까지 기다려주세요.

오자마자 사료를 맛있게 먹는 냥님도 있지만, 그렇지 못한 경우도 있답니다. 먼지 역시 반나절을 넘게 아무것도 먹지 않아 집사의 애를 태웠어요. 아직 새로운 환경이 낯설어서 그런 것이니 기다림이 필요합니다. 하지만 며칠이 지나도 사료를 먹지 않는다면 준비한 사료가 기호성에 맞지 않거나 건강에 문제가 있을 수도 있으니 병원에 문의해 보는 것이 좋습니다.

Part 1 냥님 입양기

#사료 선택 #사람 음식

🐾 사료 선택 시 주의 사항이 있을까요?

A 자묘, 성묘, 노묘가 먹는 사료가 달라요. 요즘은 전 연령용(All life stage)이라고 해서 어릴 때부터 성년까지 다 먹을 수 있는 사료들이 나오지만, 단백질 함량과 칼로리양이 조금씩 차이가 있으므로 연령대에 맞는 사료를 주는 것이 좋아요.

Q 사료는 얼마나 주는 게 좋을까요?

A 사료마다 적정 급여량이 조금씩 달라요. 사료 봉투 뒷면에 적혀있으니 참고하세요.

Q 밥 주는 양이 모자라진 않을까 걱정이에요.

A 사료의 양을 결정할 때 일반적인 기준점을 잡고, 운동량이 많은 아이들을 이 정도 주었는데 살이 빠지는 것 같다면 조금 더 주시고 운동량은 적고 살이 점점 찐다면 상황을 봐서 조절해주는 것이 좋아요.

🐾 사람이 먹는 음식을 먹이면 안되나요?

Q 바로 보이는 증상은 없던데… 괜찮은 거 아닌가요?

A 아예 안 줄 수는 없겠지만 가급적 안주는 편이 좋아요.

Q 주면 너무 맛있게 먹어서요…

A 먹을 때는 맛있게 먹어도 위장에서 못 받아들여 질환으로 진행될 수도 있어요.

Q 표정도 간절하고…

A 간이 되어있는 음식에 입맛이 들면 나중에는 사료를 안 먹을 수도 있으니 주의해주세요.

Q 넵! 알겠습니다.

고양이에게 위험한 음식들

양파, 파, 마늘, 부추, 커피, 초콜릿, 홍차, 알코올, 포도, 건포도, 아보카도, 향신료 등은 고양이에게 위험한 음식이에요. 구토, 설사를 유발하거나 심각한 질병을 유래하며 심한 경우 목숨을 앗아갈 수도 있는 음식들입니다. 특히 사람용 우유는 고양이가 소화할 수 없는 성분인 유당 때문에 구토, 설사, 위장장애를 유발해요. 만약 먹으면 안 되는 음식을 먹었을 경우 동물병원에 전화해 조언을 구하고 그에 맞는 조치를 취해야 합니다.

카페인

마카다미아

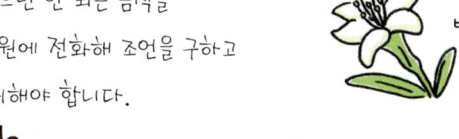
백합

초콜릿

양파

우유

묘종 이야기 3번째

페르시안 Persian

- 🐾 고　향　이란
- 🐾 체　형　코비
- 🐾 털 길이　장모
- 🐾 외　모　동글동글한 얼굴. 길고 풍성한 털. 털 색과 눈 색이 다양함
- 🐾 성　격　조용하고 상냥함. 말수가 적고 얌전함

전 세계적으로 가장 인기 있는 품종으로 품위 있는 귀부인 외모를 자랑합니다. 특유의 심술궂은 표정 때문에 새침해 보이기도 하지만 조용하고 사랑스럽답니다. 속 털이 가늘고 연해서 잘 뭉치기 때문에 매일매일 빗질이 필요합니다. 코가 짧고 납작해서 코 고는 소리를 내고 눈물을 자주 흘리기도 해요. 선천적인 원인으로 신장 질환이나 비대성 심근증에 노출될 위험이 비교적 높아 집사의 정성이 많이 필요한 고양이랍니다.

05
고양이 잠자리

#1 먼지의 새 침대

고양이의 잠자리는 고양이가 정해요.

역시 고양이는 고양이, 집사의 마음대로 되지 않는 동물이었어요. 야심 차게 만들어준 침대는 전혀 쓰지 않더라고요. 고양이는 자신이 직접 잘 곳을 정하고 그곳에서 주로 잠을 청합니다. 우리 냥님이 좋아하는 잠자리의 특성을 한번 파악해 보세요. 푹신한 곳? 좁은 곳? 높은 곳? 그 특성에 맞는 곳을 준비해준다면 잠자리로 고려해줄지도 몰라요.

#2 잠자리 욕심쟁이

한 곳에서만 자지 않아요.

역시나 초보 집사였던 저는 사람이 침대에서만 자듯 고양이도 잠자리를 정해놓고 그곳에서 잘 거라 생각했어요. 하지만 발길 닿는 곳에 안전하고 편안하다 여겨지는 몇 가지 장소를 정해두고 돌아가며 자더라고요. 옷걸이 아래, 세숫대야, 전자레인지 위 등 기상천외한 잠자리도 많답니다.

#잠자리 선택

고양이는 주로 어떤 잠자리를 좋아하나요?

A 모든 고양이가 똑같은 잠자리를 좋아하진 않아요. 어떤 냥님은 구석을 좋아하고 어떤 냥님은 높은 곳을 좋아하고, 때론 사람과 함께 침대에서 자는 것을 좋아하기도 하지요.

Q 집사 침대에서 같이 자다니 심쿵이에요!

A 그렇다고 내 옆에서 자라고 강요하진 말아야겠죠.

Q 일단 냥님이 어디서 자는지 잘 봐둬야겠네요.

A 네. 어떤 잠자리를 좋아하는지 파악하고 그것에 맞게 잠자리를 만들어주시는 것이 좋습니다. 공통적인 것은 조용하고 안전한 장소를 선호한다는 것이죠.

Q 조용하고 안전한 장소… 아무래도 제 옆은 무리겠네요…

냥님의 잠자리 철학

냥님의 잠자리 철학은
이해하기 힘들어요.
상상도 못 했던 장소,
불편할 것 같은 자세로
정~말 잘 잔답니다.
이런 엉뚱한 모습 덕분에 고양이의 매력에서
헤어나올 수 없게 됐어요.

빨래 건조대 위에서 ZZZ

신발 박스 안에서 ZZZ

모종 이야기 4번째

스코티쉬 폴드 *Scottish Fold*

- 🐾 고 향 스코틀랜드
- 🐾 체 형 세미코비
- 🐾 털 길이 단모, 장모
- 🐾 외 모 동그란 얼굴, 접힌 귀, 털 색과 눈 색이 다양함
- 🐾 성 격 온순하면서도 대담함. 상냥하고 다정하며 사람을 좋아함

강아지처럼 접힌 귀와 통통한 몸이 사랑스러운 냥님이에요. 붙임성 좋고 상냥한 성격으로 낯선 곳에도 적응이 빠르고 대담해요. 어릴 때는 귀가 바르게 솟아있지만 3~4주가 지나면 서서히 접힙니다. 그런데 이 접힌 귀는 유전적인 결함 때문에 생긴 거라 다른 뼈에도 종종 문제를 일으키곤 해요. 치명적인 기형 관절이 유전될 수 있다는 이유로 유럽에서는 정식 품종 등록을 거절했습니다. 그만큼 관절 질환에 취약하니 세심한 관리가 필요하답니다.

Part 1 냥님 입양기

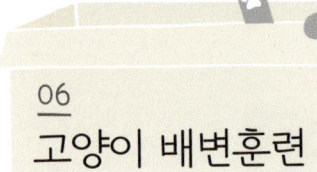

06
고양이 배변훈련

모래에 용변을 보는 것은 본능!

모래에 용변을 본 후 덮는 것은 자신의 냄새를 감춰 천적의 추적을 피하려는 본능에서 비롯됐어요. 보통은 어미 고양이에게서 모래 사용법을 배워 오기 때문에 배변 훈련이 매우 쉬운 편이에요. 고양이 화장실용 모래로 '벤토나이트'라는 점토형 모래가 가장 많이 쓰이는데 액체가 닿으면 바로 굳어 돌처럼 딱딱해집니다. 이 소변 덩어리를 삽으로 치우면 화장실 청소도 끝! (변기에 넣으면 막혀버리니 절대 넣으면 안 돼요!)

#2 불만 가득 애옹이

화장실 개수는
고양이 마릿수+1개

용변 실수에는 2가지 이유가 있어요. 화장실에 불만이 있거나 건강에 이상이 생겼을 때입니다. 건강상에 문제가 없어 보임에도 용변 실수가 이어진다면 화장실 상태를 점검해보세요. 화장실이 쓰기 불편하거나 청소를 제때 해주지 않아 용변이 쌓여 있으면 불만을 품고 이불, 옷 등에 소변을 보거든요. 화장실은 하루에 1~3회 정도 자주 치워주는 것이 중요하고 냥님 마릿수보다 1개 많게 여유분을 두는 것이 좋아요.

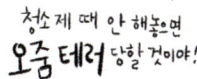

Part 1 냥님 입양기

#화장실 모래 선택 #모래 섭취

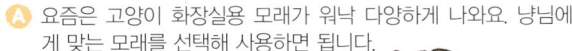

화장실 모래를 고를 때 유의할 점을 알려주세요.

A 요즘은 고양이 화장실용 모래가 워낙 다양하게 나와요. 냥님에게 맞는 모래를 선택해 사용하면 됩니다.

Q 다양한 모래라면 어떤 건가요?

A 소변의 상태를 파악할 수 있는 모래나 변기에 바로 버릴 수 있는 천연 소재 모래들이 상품화되어 있어요.

Q 모래로 소변의 상태를 파악할 수 있다니! 신기하네요.

A 소변을 보고 모래가 뭉치는 색깔로 질병의 유무를 파악할 수 있어요. 고양이는 강아지보다 비뇨기 질환이 흔하게 나타납니다. 비뇨기 질환이 있는 아이들에겐 좋은 선택이 되겠죠?

Q 혹시 전용 모래가 아닌 일반적인 모래를 사용하면 안 되나요?

A 전용 모래는 살균 처리되어있어 안심하고 사용할 수 있지만, 일반 모래는 그렇지 않기 때문에 비위생적일 수 있습니다.

코에 묻은 모래를 고양이가 먹었는데 괜찮을까요?

많은 양을 먹으면 문제가 될 수 있지만 그런 경우는 거의 없어요. 혹시나 많은 양을 먹었다면 병원에 가서 진찰을 받는게 좋습니다.

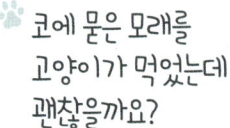

고양이 화장실용 모래 종류

벤토나이트
회색의 점토용 모래

- 장점: 청소 쉬움, 냄새 제거, 선호도 높음
- 단점: 사막화, 먼지 날림

천연 모래
두부, 펄프, 옥수수 등의 천연 원료

- 장점: 사막화 적음, 먼지 적음, 변기에 버림 가능
- 단점: 약한 응고력, 높은 비용, 선호도 낮음

우드펠렛
나무톱밥

- 장점: 사막화 적음, 먼지 적음, 변기에 버림 가능
- 단점: 냄새 문제, 전용 화장실 필요, 선호도 낮음

묘종 이야기 5번째

아메리칸 쇼트헤어 — American Shorthair

- 고 향: 미국
- 체 형: 세미코비
- 털 길이: 단모
- 외 모: 둥글둥글한 머리에 짧은 주둥이, 근육이 발달한 튼튼한 몸매, 특유의 줄무늬
- 성 격: 활발하고 노는 것을 좋아함. 애정이 많아 다른 동물과도 잘 지냄

아메리칸 쇼트헤어는 미국의 도메스틱 캣(집고양이)이에요. 나이테 같은 독특한 줄무늬 덕분에 아메리칸 쇼트헤어임을 단번에 알아볼 수 있어요. 이들의 기원은 농장에서 쥐를 잡던 고양이였고 그만큼 힘이 세고 튼튼해요. 굉장히 활발하고 겁이 없는 성격이라 노는 것도 좋아하고 친화력도 뛰어나답니다. 다른 고양이와도 사이좋게 잘 지내기로도 유명해요.

07
고양이 합사

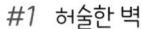
#1 허술한 벽

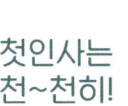

첫인사는 천~천히!

고양이 한 마리만 기르는 분들은 언젠간 둘째 고양이의 입양에 대한 고민에 부딪히곤 해요. 저 역시 둘째에 대해 긴 시간 고민하다 봉지를 데려오게 됐답니다. 고양이는 영역 동물이기 때문에 내 영역을 침범당했다는 것, 새로운 영역에 왔다는 것에 큰 스트레스를 받게 됩니다. 그러므로 합사 첫날은 반드시 격리가 필요하고 서로의 냄새를 교환할 시간을 줘야 해요. 냄새 교환에는 각자가 쓰던 담요, 쿠션 등을 근처에 두는 방법이 있어요. 냥님에게 합사는 쉽지 않은 일이에요.

#2 인수인계는 언제쯤…?

인내가 필요한 합사

요지가 오고 한 달간은 구토, 무기력, 탈수 등 먼지, 봉지, 휴지의 병치레가 잦았어요. 새로 온 고양이로 인해 스트레스를 많이 받은 것이죠. 고양이 합사에는 집사의 인내심이 필수랍니다. 합사에 필요한 시간은 고양이마다 모두 달라요. 성격이 좋은 편인 먼지는 새 식구를 금방 받아들였지만 예민하고 소심한 휴지는 무려 10개월이 걸렸어요. 이렇듯 영역에 민감한 고양이의 습성을 이해하고 서로를 받아들일 때까지 기다려야 합니다.

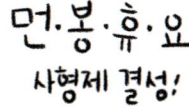

#합사 전 유의사항 #합사 궁합

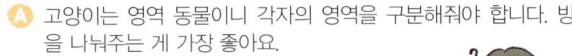

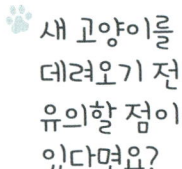

새 고양이를 데려오기 전 유의할 점이 있다면요?

A 고양이는 영역 동물이니 각자의 영역을 구분해줘야 합니다. 방을 나눠주는 게 가장 좋아요.

Q 그럼 먹고 싸는 것도 각자의 영역이 필요한가요?

A 그렇죠. 밥 먹는 공간뿐만 아니라 화장실 공간도 따로 주는 것이 좋고 같이 써야 한다면 여분의 화장실을 더 준비해주세요.

Q 새 식구를 데려오면 격리는 얼마나 시켜야 할까요?

A 예민한 냥님이라면 일단 일주일 이상 격리하는 것이 좋아요.

Q 격리해 두면 답답해하지 않을까요?

A 격리 없이 낯선 고양이를 만나는 스트레스가 더 클 거예요. 격리 기간 동안 서로의 냄새도 묻혀주고, 문도 조금씩 열어주면서 자연스럽게 접촉하도록 도와주세요.

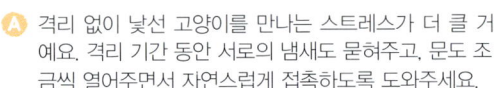

합사가 비교적 쉬운 궁합이 있을까요?
(ex. 자묘+자묘, 중성화된 수컷 성묘+ 자묘 등…)

A 같은 연령대의 어린 고양이들은 쉽게 가까워질 수 있어요.

Q 이미 성묘를 키우고 있다면요?

A 중성화된 성묘라면 비교적 온순하기에 어린 고양이를 맞이하는 데 크게 문제가 없습니다.

Q 그럼 성묘와 자묘가 만날 땐 격리를 안 시켜도 될까요?

A 그래도 격리 과정은 필요해요. 인사는 천천히…!

Q 마음 아프지만… 알겠습니다!

36

먼·봉·휴·요 합사 성공!!

긴 기다림 끝에 찾아온 달콤한 순간들.
성격 형성이 이미 끝난 성묘의
합사는 더욱 어려운 일이었어요.
요지를 데려왔을 때는 합사가
너무 쉽지 않아 힘든 일이 많았습니다.
하지만 냥님들이 느끼는
그들 나름의 불편함을 존중하려 노력했고
친해지기를 강요하지는 않았어요.
늦게나마 요지를 받아준 휴지가
그저 고마울 따름입니다.

내냥이가 처음으로 동침한 날

많이 가까워진 요지 & 휴지 ♡

묘종 이야기 6번째

아비시니안 Abyssinian

- 고　　향　에티오피아
- 체　　형　포린
- 털 길이　단모
- 외　　모　날렵하고 탄탄한 몸. 짙은 아이라인. 짧고 힘있는 금빛 털
- 성　　격　활동적이고 놀이를 좋아하며 영리함. 주인에 대한 애정이 각별함

금빛과 흰색, 갈색이 오가는 오묘한 털 색깔이 아름다워요. 큰 눈에는 진한 아이라인이 그려져 있어 인상이 선명합니다. 이마에는 M자의 무늬가 있어요. 이집트 벽화에 그려진 고양이와 매우 흡사한 외모 때문에 고대 시절 숭배받았다는 설도 있어요. 그만큼 매혹적인 외모를 가진 품종입니다. 날렵한 체형답게 에너지도 왕성해서 자주 놀아줘야 해요. 장난기는 많지만 똑똑해서 지나치게 위험한 행동은 하지 않아요.

Part 1 냥님 입양기

Part 2
냥님 먹거리

01. 고양이 주식 02. 고양이 간식 I
03. 고양이 간식 II 04. 고양이 다이어트

01 고양이 주식

#1 사료에 대한 집사의 고민

잘 맞는 사료를 찾아서!!

사료를 고를 때는 기호성, 소화가 잘 되는지, 비용과 브랜드 등을 따져보세요. 이 중에서 우선순위를 정하고 기준에 맞는 사료를 선택하시면 됩니다. 저는 아무리 좋은 사료라도 고양이가 안 먹으면 소용없다는 생각에 기호성을 가장 중요한 기준으로 삼았어요. 테스트용 사료는 브랜드 홈페이지에서 샘플을 신청하거나 박람회에서 받아올 수 있어요.

#2 생식 도전!

생식? 사료?
집사의 상황에 맞게!

사료보다 건강하다고 알려져 생식을 선호하는 집사도 있답니다. 단, 생식을 먹이려면 생식만 꾸준히 주는 게 좋아요. 생식과 사료를 번갈아 먹으면 위장이 힘들 수 있다고 해요. 사료보단 생식이 건강한 음식이지만 그렇다고 사료가 나쁜 식사는 아닙니다. 잘 배합된 사료를 먹으면 영양분을 골고루 섭취할 수 있고 집사도 고양이도 식사 시간이 편안해질 수 있으니까요. 집사의 상황도 잘 고려해서 결정해주세요.

#사료 선택 #사료 변경 #냥님은 냥님사료를

사료 선택에 있어 조언을 주신다면요?

A 일단 기호성이 중요해요.

Q 아하. 아무리 좋은 사료라도 고양이가 안 먹으면 소용없겠네요.

A 네. 하지만 기호성만 따져서는 안 되겠죠. 첨가물이 지나치게 포함되어 있거나 너무 튀긴 사료 등은 피하는 것이 좋아요. 인터넷 검색을 통해 사료 등급을 참고하세요.

Q 각자 상황에 맞는 사료를 찾아서 급여해주는 것이 좋겠네요…

A 포장지의 귀여운 사진이나 화려한 문구에 속지 말고 꼭 내용을 확인하고 선택하세요!

사료를 바꿀 때 주의 사항이 있나요?

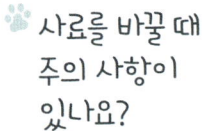

먼저 주던 사료와 바꾸고 싶은 사료를 5:5로 섞은 다음 점차 새로 구매한 사료의 양을 늘려 자연스럽게 바꿔주는 방법이 좋습니다.

강아지 사료를 고양이가 먹어도 될까요?

Q 강아지는 고양이 사료를 먹어도 되지만 고양이는 강아지 사료를 먹으면 안 된다는 말이 있던데…

A 둘 다 안됩니다. 비교적 고단백인 고양이 사료를 강아지가 먹을 경우 췌장염에 취약해집니다. 또한, 고양이에게 필요한 필수 영양분(타우린 등)이 포함되지 않은 강아지 사료를 고양이가 먹을 경우 타우린 결핍증이 올 수 있습니다.

Q 급한 상황이라도 함부로 먹여서는 안 되겠네요!

A 네. 유의해야 하죠. 하지만 한두 번 먹는 것은 크게 문제 되지 않습니다.

사료를 살 때 확인할 것들과 식수에 대한 궁금증

✓ 집사라면 누구나 '어떤 사료를 선택해야 할까' 고민하게 됩니다. 아마 100% 안전한 사료는 없겠지요.

사료를 살 때 확인할 것들

1) 회사
2) 원재료(원료 원산지)
3) 부산물 가루나 고기, 뼛가루가 들어 있는 사료는 아닌지
4) 사료 성분표 꼼꼼히 확인
5) 제조국가(동물보호법이 발달한 국가 제품)
6) USDA(미국 농무부)나 FDA(미국 식품 의약국)의 조리 허가를 받은 장소에서 만들었는지
7) 제조 연월 혹은 유통기한 확인
8) 유기농일 경우 유기농 인증 확인

✓ 식수로 수돗물 괜찮은가요???

수돗물이 된다 안 된다 라기 보다는 지역에 따라 다를 것 같습니다. 또한, 오래된 주택이나 빌라 같은 곳이면 낡은 수도관으로 인한 오염이 있을 수 있으니 조심해야 합니다. 무엇보다 자주 깨끗한 물로 갈아 주는 게 중요합니다.
특히 여름에는 더욱 신경 써주세요.

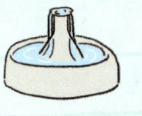  

 냥님이 물 마시는 방식하고 맞지 않는 식기에요!!

묘종 이야기

7번째

노르웨이숲 Norwegian Forest

🐾 고   향   노르웨이
🐾 체   형   롱앤드섭스텐셜
🐾 털 길이   장모
🐾 외   모   대표적인 대형묘, 털이 부드럽고 풍성함. 러프가 매우 길고 아름다움. 색상과 무늬는 다양함
🐾 성   격   사회적이며 사람을 좋아함. 지능 높은 사냥의 고수

노르웨이의 숲에서 자연 발생한 품종으로 북유럽의 추위를 이겨낸 코트가 아주 멋진 냥님입니다. 풍성한 털과 큼직한 체형으로 야성미도 넘치죠. 대체로 개냥이 기질을 타고 났어요. 큰 덩치답게 식탐도 꽤 많은 편이에요. 숲에서 자란 혈통인 만큼 사냥 솜씨가 매우 뛰어나고 나무 타기도 잘 한답니다. 보통의 고양이는 1년이면 성장이 끝나지만 노르웨이숲은 완전히 성장할 때까지 4년이 걸려요.

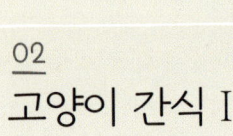

02 고양이 간식 I

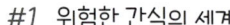
#1 위험한 간식의 세계

간식은 적게 줄수록 좋아요.

사람도 고양이도 유혹을 뿌리치기 힘든 간식! 하지만 비만, 편식, 소화불량 등의 문제가 따르니 영양소가 더욱 풍부한 주식 사료를 주는 게 좋아요. 사료가 지겨울까 봐 걱정된다면 간식용 캔보다는 주식용으로 나온 습식 캔을 주는 방법도 있어요. 간식을 지나치게 많이 먹으면 주식을 거부하는 경우가 생길 수 있으니 주의가 필요합니다.

#2 치킨 공유 방법

닭가슴살은 간편하고 좋은 간식!

냥님에게 특별하고 건강한 음식을 주고 싶은 집사의 마음은 똑같을 거예요. 삶은 닭가슴살, 닭다리살은 첨가물이 없어서 안심하고 먹일 수 있고 한두 조각씩 주기에도 딱 좋은 간식이에요. 가끔 간식으로 좋은 것일 뿐, 역시나 너무 자주 주는 건 안주느니만 못하다는 거 잊지 마세요.

Part 2 냥님 먹거리

#간식 재료 #시판 간식

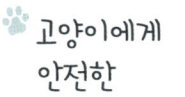
고양이에게 안전한 간식 재료는 어떤 게 있을까요?

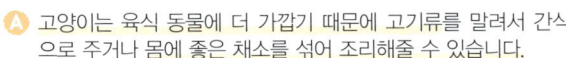

🅐 고양이는 육식 동물에 더 가깝기 때문에 고기류를 말려서 간식으로 주거나 몸에 좋은 채소를 섞어 조리해줄 수 있습니다.

🅠 고양이가 먹으면 안 되는 음식도 있던데 체크를 잘 해야겠네요.

🅐 네. 고양이에게 위험한 음식은 당연히 피해야 하죠. 또한, 먹였을 때 알레르기 등의 반응이 없는지도 꼭 살펴봐야 해요.

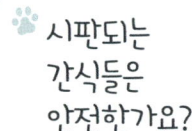
시판되는 간식들은 안전한가요?

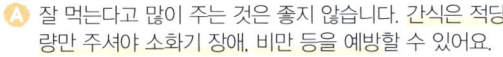

🅐 일반적으로 판매되는 간식들은 고양이들이 먹는데 무리는 없습니다.

🅠 냥님들이 간식을 너무 좋아하는데… 자주 줘도 괜찮을까요?

🅐 잘 먹는다고 많이 주는 것은 좋지 않습니다. 간식은 적당량만 주셔야 소화기 장애, 비만 등을 예방할 수 있어요.

간식으로 생길 수 있는 트러블

맛있는 걸 먹는 기쁨을
반려묘와 함께하고 싶을 때가 많죠.
하지만 지나친 간식으로 식습관을 해치게 되면
반려묘 건강에 문제가 됩니다.
주식 사료로 충분한 영양을 공급할 수 있으니
간식에 대한 큰 부담은 갖지 맙시다.
간식으로 인한 식이성 알레르기 증상이
의심된다면 빨리 수의사 선생님께 상담을 받으세요!

소화불량

알레르기

비만

주식 거부

묘종 이야기 - 8번째

브리티시 쇼트헤어 British Shorthair

- 🐾 **고　　향** 영국
- 🐾 **체　　형** 세미코비
- 🐾 **털 길이** 단모
- 🐾 **외　　모** 크고 동그란 머리, 비교적 작은 귀, 러시안블루와 같은 청회색 코트가 가장 많음
- 🐾 **성　　격** 조용하고 느긋한 성격, 순하고 배려심이 많음

지금의 영국인 브리튼 섬에서 발생한 품종이에요. 동그랗고 납작한 얼굴 때문에 표정 또한 독특해요. 이러한 생김새 덕분에 세계적으로 많은 사랑을 받고 있답니다. 코트는 다양하지만, 러시안블루와 같은 청회색이 가장 많아요. 눈은 노란 호박색을 띠고 있어요. 느긋하고 조용해서 행동 하나하나가 엉뚱하고 귀여운 냥님이랍니다.

03
고양이 간식 II

#1 도전! 닭고기 채소 스튜

1. 닭가슴살은 흐르는 물에 씻은 후 끓는 물에 삶는다.

육식 동물인 냥님을 위한 자연식

닭고기가 주재료인 만큼 육식 동물인 냥님들도 아주 좋아하는 특별식입니다. 그냥 주면 잘 먹지 않는 채소를 곁들이고 **건사료만으로는 부족한 수분도** 함께 공급할 수 있어요. 입맛이 까다로운 냥님이 채소 냄새 때문에 잘 먹지 않는다면 가다랑어포나 연어 파우더 등을 토핑해서 줘도 좋아요. 자작하게 졸인 스튜는 한숨 식힌 후 급여해주는 것 잊지 마세요!

2. 채소는 깨끗하게 씻고, 시금치와 브로콜리는 끓는 물에 살짝 데친다. (소금 없이)

3. 준비한 재료를 모두 잘게 썬다.

4. 잘게 썬 재료를 냄비에 넣고 물을 부어 끓인다.

5. 국물이 잦아들 때까지 졸인다.

짜잔~ 닭고기 채소 스튜!

#2 도전! 오리 안심살 스틱

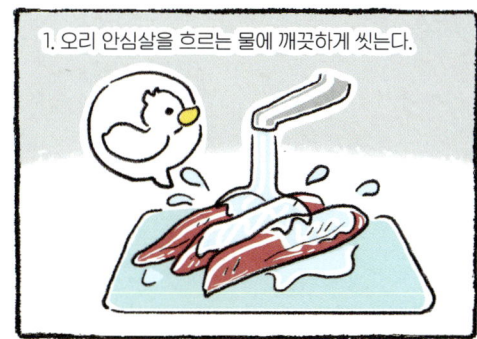

1. 오리 안심살을 흐르는 물에 깨끗하게 씻는다.

육포처럼
씹는 맛이 일품!

손쉽게 만들 수 있는 육포 형태의 간식이에요. **오리 안심살뿐만 아니라 닭가슴살로도 만들 수 있어요.** 평소에는 냉동 보관해두었다가 전자레인지로 살짝 해동시켜서 주세요. 오븐이 없다면 식품 건조기를 사용해도 무방합니다.

2. 0.5~1cm 정도의 두께로 길게 자른다.

3. 80~100도로 예열된 오븐에 1시간 동안 굽는다.

4. 완전히 식힌 후 급여한다. (먹기 편하게 잘라줘도 OK)

Part 2 냥님 먹거리

#단맛 #닭 뼈

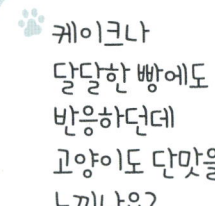

🐾 케이크나 달달한 빵에도 반응하던데 고양이도 단맛을 느끼나요?

A 고양이는 강아지와는 달리 단맛을 느끼지 못합니다. 오히려 쓴 맛은 더 잘 느끼지요.

Q 그럼 왜 케이크를 보면 좋아하는 건가요?

A 생크림에 있는 지방을 비롯한 다른 성분에 반응하는 것일 수 있어요. 씹는 느낌이 좋아서 반응하기도 하고요.

Q 아… 그래도 주면 안 되겠죠?

A 당분을 지나치게 섭취하면 구토와 설사, 비만이나 당뇨를 일으킬 수 있어요.

Q 역시 아무거나 함부로 먹이는 건 위험하네요.

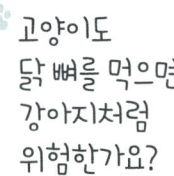

🐾 고양이도 닭 뼈를 먹으면 강아지처럼 위험한가요?

네. 마찬가지예요. 닭 뼈는 갈라지면서 부러지는 경우가 많아요. 위장관을 천공할 수 있으니 주시면 안됩니다.

다양한 간식거리

닭고기, 오리고기 등 가금류의 살코기는 냥님이 정말 좋아하고 조리도 쉬워서 저도 자주 애용하는 재료 중 하나예요. 시중에 판매하는 연어 순살도 좋은 재료가 될 수 있어요. 단호박, 시금치, 브로콜리는 고양이에게 좋은 채소입니다. 낯선 채소 냄새 때문에 잘 먹어주지 않는다면 연어 파우더나 약간의 가다랑어포 가루를 토핑해도 좋아요.

직접 만든 닭가슴살 육포

직접 만든 단호박 케익

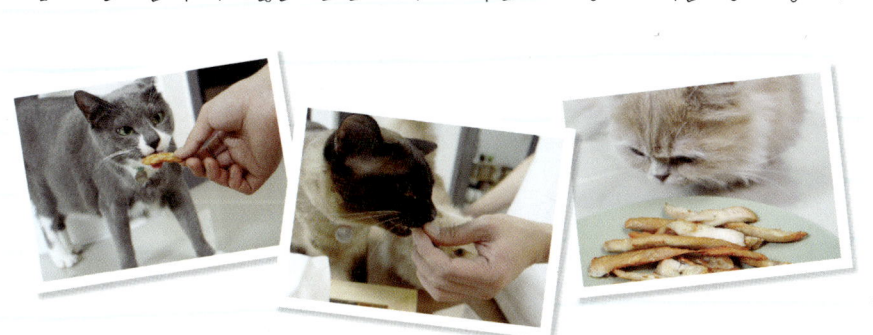

묘종 이야기 (9번째)

봄베이 Bombay

- **고 향** 미국, 영국
- **체 형** 세미코비
- **털 길이** 단모
- **외 모** 진한 검은색털에 노란색 눈, 근육질의 탄탄한 몸매
- **성 격** 침착하고 조용함, 영리하고 환경 적응이 빠름

흑표범을 닮은 검은색 털과 황금빛 눈이 아주 멋진 고양이입니다. 우리나라뿐 아니라 전 세계적으로 희귀한 품종이랍니다. 일반적인 올블랙 고양이와 혼동될 수 있지만, 세미코비 체형이라 얼굴형부터 차이를 보입니다. 봄베이의 얼굴형은 매우 둥글고 코가 납작하며 눈 사이가 벌어져 있어요. 매우 똑똑하고 적응력, 친화력이 좋아 개냥이의 면모도 가지고 있습니다.

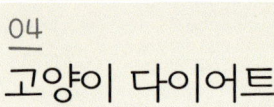

04
고양이 다이어트

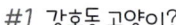

고양이마다 비만 기준이 달라요

다 비슷비슷해 보일지 몰라도 **고양이도 체격 차이가 있답니다.** 보통의 고양이들은 3~5kg 정도인데 먼지와 봉지, 휴지 세 고양이 모두 6kg 이상에 뱃살도 처져서 걱정했거든요. 알고 보니 원래 체구가 큰 친구들이라 6kg 정도면 적당한 거래요. 물론 먼지는 그 이상인 6.8kg이므로 체중 관리에 신경 써야 하는 상태였지만요. 이처럼 고양이마다 비만 기준이 다르니 병원에서 상담해보세요.

#2 다이어트 성공? 실패?

다이어트는 무리하지 말고 천천히!

고양이 다이어트는 긴 싸움이에요. 사람 다이어트처럼 자신의 의지로 하는 게 아니기 때문이지요. 고양이가 무리하지 않고 뺄 수 있는 몸무게는 1주에 50~100g 정도예요. 이렇게 조금씩 천천히 감량하기 때문에 짧게는 8개월 길게는 1년 이상이 걸리기도 하지요. 먼지처럼 평소 운동량이 별로 없다면 좀 더 많이 움직일 수 있게 도와주고, 자율급식을 하고 있다면 사료량을 조절해 수동급식으로 바꿔야 해요. 저열량 사료는 수의사와 상담 후 구매하세요.

#비만 판단 기준 #비만 위험

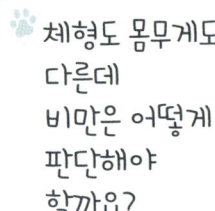
체형도 몸무게도 다른데 비만은 어떻게 판단해야 할까요?

A 갈비뼈를 만져보면 대략 알 수 있어요. 가슴 부위를 만졌을 때 갈비뼈가 살짝 만져지면서 뼈가 육안으로 드러나지 않는 것이 가장 이상적인 체형입니다. Body Condition Scoring 9(BCS9)이라는 기준을 참고하세요.

Q 다행히 먼지랑 봉지는 갈비뼈가 만져지네요!

A 하지만 둘 다 과체중이긴 하니 체중 조절에 신경 써주세요.

Q 네! 냥님들도 저랑 같이 다이어트!

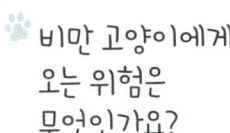
비만 고양이에게 오는 위험은 무엇인가요?

A 사람과 마찬가지로 고양이에게도 비만은 여러 가지 질환을 유발하지요. 지방간, 당뇨, 심비대로 인한 호흡곤란 등 정상인 상태에 비교해 질환이 생길 확률이 높아집니다.

Q 살이 찌지 않게 미리 예방하는 게 좋겠네요. 예방은 어떻게 하는 게 좋을까요?

A 고양이의 사냥 습성과 호기심을 이용하는 방법이 있습니다. 어릴 때부터 밥 먹는 습관을 이렇게 들여보세요. 고양이가 활동하는 동선에 따라 밥 먹는 장소를 바꿔 주는 방법이에요.

Q 그럼 고양이도 움직이며 먹이활동을 하겠네요!

A 그렇죠. 나이가 들면서 움직임이 둔해져 비만이 빠르게 진행되기도 하니 어릴 때부터 이러한 습관을 들이면 좋습니다.

Q 먼지, 봉지, 휴지는 이미 늦었지만… 요지는 습관을 들여 볼게요!

고양이 비만도 알아보기

심각한 저체중

저체중

정상 체중

비만

과체중

묘종 이야기
10번째

재패니즈 밥테일 *Japanese Bobtail*

- 🐾 고　　향　일본
- 🐾 체　　형　포린
- 🐾 털 길이　단모
- 🐾 외　　모　짧은 꼬리, 꼬리 외의 외형은 우리 나라 토종 고양이와 비슷함
- 🐾 성　　격　놀기 좋아하고 활발함. 사교성이 좋아 다른 동물과도 잘 지냄

일본의 식당에서 자주 볼 수 있는 고양이 모형 '마네키네코'의 모델이 바로 재패니즈 밥테일이에요. 흰색 털에 검은색, 붉은색의 점이 찍힌 코트가 가장 많습니다. 이 품종의 가장 큰 특징은 역시나 꼬리인데요. 꼬리가 아예 없는 것은 아니고 2.5~8cm 정도로 작고 동그랗습니다. 타고난 건강 체질로 질병에도 강한 품종이에요.

Part 3
냥님의 일상

01. 고양이 본능과 습성
02. 고양이에 대한 오해
03. 고양이 소통법
04. 고양이의 수면
05. 고양이 혼자 있기
06. 고양이 놀이
07. 고양이 훈련

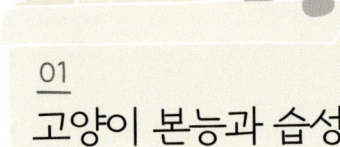

01 고양이 본능과 습성

높은 곳과 좁은 곳을 즐기냥~

냉장고 위나 캣타워 꼭대기 등 높은 곳에서 편히 쉬고 있는 냥님 모습을 많이 보셨죠? 아찔할 법한데도 편히 쉬는 모습이 신기해요. 이들이 높은 곳을 좋아하는 이유는 자신의 영역을 순찰하고 사냥감을 추적하기 위해 높은 곳을 선호하던 야생의 습성이 그대로 남아있기 때문이에요. 좁은 박스에 꾸깃꾸깃 들어간 모습도 좁은 틈에 숨어 천적으로부터 자신을 보호하던 습성 때문이라고 합니다.

#2 여긴 어디?!

고양이는 영역 동물

고양이는 자신의 영역 안에서 단독생활을 하는 동물이에요. 이 또한 내 영역을 순찰하고 지키는 야생의 습성에서 비롯됐지요. 자신의 집단이라고 여기는 고양이와는 영역을 공유하기도 합니다. 이처럼 장소 변화에 민감하기 때문에 새로운 장소는 물론이고 가구 배치만 바뀌어도 혼란스러워해요. 자세를 낮추고 주변을 탐색하면서 천천히 적응할 테니 기다려주세요.

Part 3 냥님의 일상　59

#고양이 습성 #고양이 서열

고양이의 대표적인 습성이 있다면 알려주세요.

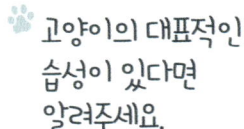

- A 여러 가지 습성이 있지만, 대표적으로 스크래치를 떠올릴 수 있죠. 그것은 자신의 영역을 표시하거나 스트레스를 푸는 행위 등으로 볼 수 있어요.
- Q 어린 고양이도 스크래치를 하나요?
- A 그럼요. 생후 5주령이면 스크래치를 시작한답니다.
- Q 태어나서 한 달 만에요?! 빨리 시작하네요.
- A 그러니 미리미리 스크래쳐를 준비해야 여러분의 가구나 벽지를 보호할 수 있을 거예요.

또 다른 습성이 있을까요?

- A 그루밍이라는 행위도 많이 하죠. 그루밍을 함으로써 자신의 털을 고르고 심신의 안정을 찾게 됩니다.
- Q 혀로 털을 관리하다니… 어떻게 가능한 거죠?
- A 고양이의 혀를 보면 가시처럼 돌기가 솟아 있는데 덕분에 털을 빗질할 수 있어요. 침에 존재하는 특정 성분으로 마치 목욕한 것처럼 윤기 있게 관리할 수도 있고요.
- Q 고양이 혀가 닿지 않는 부분도 있지 않나요?
- A 네. 머리와 턱 부분은 스스로 그루밍 할 수 없어요. 그래서 집사가 턱과 머리 부위를 쓰다듬어 주거나 칫솔로 빗겨주면 '그르릉' 거리며 좋아하죠.
- Q 칫솔이 혀의 촉감과 비슷하다고 여기나 보네요! 역시 깔끔한 동물이라 불리는 이유가 있었네요.

고양이에게도 서열이 존재하나요?

- A 기본적으로 고양이는 영역 동물입니다. 서열이 존재하긴 하지만 이것은 자기 영역에 침입한 동물과의 이야기입니다. 주로 발정기 때 수컷들이 암컷을 차지하기 위해 서열 싸움을 하는 경우가 종종 있어요.
- Q 그럼 중성화한 고양이들끼리는 그럴 일이 없나요?
- A 그렇죠. 대부분 고양이는 자기 영역을 정하고 나면 그 안에서는 서열 싸움을 잘 하지 않아요.

고양이의 습성을 고려한 인테리어 센스 🐾🐾

숨숨집

냥님 몸에 꼭 맞는 쿠션에 들어가 쉴 수 있는 숨숨집,
바스락 소리에 관심이 많은 고양이를 위한 바스락 터널,
냥님과 집사가 함께 쓸 수 있는 가구도 시중에서 많이 볼 수 있어요.

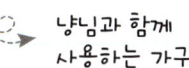

냥님과 함께 사용하는 가구

바스락 터널

 모종 이야기 11번째

아메리칸 밥테일 *American Bobtail*

- 🐾 **고 향** 미국
- 🐾 **체 형** 롱앤드섭스텐셜
- 🐾 **털 길이** 단모, 장모
- 🐾 **외 모** 토끼 꼬리처럼 아주 짧은 꼬리, 큰 귀와 통통한 발, 줄무늬
- 🐾 **성 격** 낯을 가리지만 주인에게는 친절하고 애정이 넘침. 지적이면서도 온화한 성격

야성미 넘치는 외모와 상반되는 짧은 꼬리가 인상적이에요. 암컷 샴고양이와 꼬리가 짧은 수컷 고양이 사이에서 태어난 냥이 중 짧은 꼬리를 갖고 태어난 냥이들을 번식시켜 지금의 아메리칸 밥테일이 탄생했습니다. 뼈대가 튼튼하고 가슴이 넓게 발달되어 있는데 이 덕에 가슴의 러프도 멋지답니다. 귀 끝 살짝 보이는 링크스팁이라는 털장식이 스라소니의 것과 비슷해 스라소니 닮은 고양이로도 유명해요. 완전히 성장할 때까지 2~3년이 걸립니다.

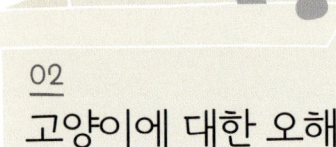

02
고양이에 대한 오해

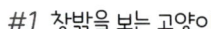

창밖을 보며 정찰 임무 수행 중!

고양이가 창밖을 응시하는 모습을 보고 '우리 고양이도 나가 놀고 싶은가 봐.', '집 안에서 얼마나 답답할까?' 하는 생각이 들 수도 있어요. 하지만 이건 단순히 사람의 관점! 고양이는 자신의 영역이 안전한지 창밖을 감시 중인 거랍니다. 드물게 바깥 탐험을 좋아하는 고양이도 있긴 하지만, **고양이에게 '바깥'은 자신의 영역을 벗어난 낯설고 위험한 곳**일 뿐이랍니다.

#2 장난감 아니야!!

집사가 싫어서 깨무는 게 아니에요.

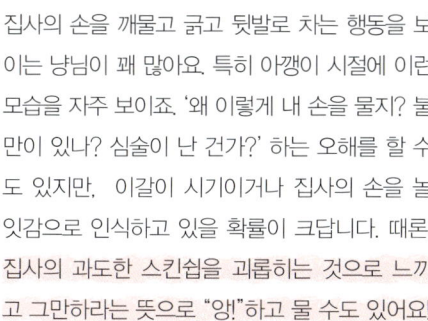

집사의 손을 깨물고 긁고 뒷발로 차는 행동을 보이는 냥님이 꽤 많아요. 특히 아깽이 시절에 이런 모습을 자주 보이죠. '왜 이렇게 내 손을 물지? 불만이 있나? 심술이 난 건가?' 하는 오해를 할 수도 있지만, 이갈이 시기이거나 집사의 손을 놀잇감으로 인식하고 있을 확률이 크답니다. 때론, 집사의 과도한 스킨쉽을 괴롭히는 것으로 느끼고 그만하라는 뜻으로 "앙!"하고 물 수도 있어요!

Part 3 냥님의 일상

#집냥이의 산책 #집사의 손 #깨무는 강도

산책은 정말 안 해도 될까요?

A 냥님은 산책이 힘든 동물입니다. 학습을 통해서 가능하기는 하나 예민하므로 밖에서는 제어가 힘들어요.

Q 그럼 집 안에서 운동시켜주는 게 좋겠네요!

A 야외 산책보다는 집안에서의 놀이 활동과 운동을 통해 스트레스를 해소해주세요.

집사의 손을 물고 긁는 이유는 뭘까요?

A 이 행동은 주로 집사의 손을 장난감 또는 사냥 연습의 대상으로 여기고 있을 때 나타납니다.

Q 저를 가지고 사냥 연습을 했다니…
처음엔 귀엽기만 했는데 점점 아프게 물더라고요…

A 두 마리 이상의 고양이가 함께 자랄 경우 서로 물고 놀면서 깨무는 강도가 자연적으로 조절되지만 한 마리만 기를 경우 이러한 학습이 어려워 깨무는 강도가 점점 더 강해지곤 합니다.

Q 성묘가 되면서 자연스럽게 고쳐지지는 않나요?

A 어릴 때는 깨무는 힘이 약해 괜찮을지 몰라도 성묘가 되면 얘기가 달라집니다. 어릴 때 고치지 않으면 교정은 더욱 어려워져요.

Q 그럼 어떻게 고치면 좋을까요?

A 놀이하다가 손을 물 경우 반드시 놀이를 멈추고 그 자리에서 벗어나 모른 척하는 것이 좋습니다. 큰소리로 혼내면 오히려 고양이와의 관계가 틀어질 수도 있어요. 냥님에게 필요한 무관심이 바로 이럴 때 해당하는 것이죠.

내 영역은
내가 지킨다옹~

이 귀여운 뒤통수들이 바로
날카로운 감시자의 모습이랍니다.
바깥의 새도 바라보고
지나가는 사람도 쳐다보며
영역을 지키고 있는 것이지요.
'무슨 생각을 하는 걸까?' 하는 저의 상상과 달리
너무나 현실적인 이유였지만~
그래도 창밖을 바라보고 있는 고양이라니,
뭔가 낭만적이지 않나요?

경찰에 최선을 다하는 휴지순경

단체 정찰 중ㅋㅋㅋ

묘종 이야기 12번째

소말리 Somali

- 고 향 캐나다
- 체 형 포린
- 털 길이 중모
- 외 모 날씬하고 긴 체형, 짙은 아이라인
- 성 격 영리하고 장난기가 많음, 낯을 가리지만 주인을 잘 따름

털이 긴 아비시니안의 모습을 하고 있어요. 아비시니안을 브리딩 하는 과정에서 태어난 돌연변이라는 이유로 한때 무시를 받기도 했지만, 지금은 어엿한 정식 품종으로 인정받고 있답니다. 얼굴에 있는 M자 무늬와 짙은 아이라인, 금빛, 갈색, 크림색 등을 골고루 띠는 오묘한 털색 등이 아비시니안과 비슷해요. 꼬리 털이 유독 풍성해 여우 같은 외모의 냥님이랍니다.

Part 3 냥님의 일상

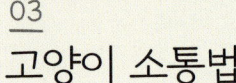

03 고양이 소통법

#1 골골송은 처음이라

심멎 애정표현

고양이를 처음 길러보는 제게 고양이의 모든 소통법은 낯설면서도 신비했어요. 특히 골골송은 '이거 정말 좋은 거 맞아? 어디 아픈 건 아니겠지?'라는 생각이 들 정도로 독특하고 신기한 경험이었죠. 사람의 눈을 지긋이 바라보며 천천히 눈 깜빡이기, 얼굴 비비기, 발라당 하고 배 뒤집기…. 도도한 줄만 알았던 고양이가 이렇게 애정표현을 잘 하는 동물인지 꿈에도 몰랐답니다.

#2 숨길 수 없는 감정

꼬리의 움직임에 주목하기!

꼬리를 잘 관찰하는 것만으로도 고양이의 기분을 알 수 있어요. 고양이는 꼬리로 다양한 감정을 표현하거든요. 이 꼬리는 감정을 표현하는 것 외에도 다양한 역할을 하고 있어요. 걷거나 점프할 때 균형을 잡아주고 방향 전환을 할 때 핸들과 같은 역할을 한답니다.

꼬리로 감정을 표현하는 고양이

#냥님 시그널 #냥님 감정 표현

흔히들 오해하는 시그널로 어떤 게 있을까요?

A 고양이는 꼬리와 귀 모양으로도 수십 가지의 시그널을 보냅니다. 귀찮을 때나 기분 나쁠 때, 공격하기 전 모두 꼬리를 크게 흔들며 비슷한 패턴을 보여요. 이때는 귀 모양을 보는 것이 좋은데요. 귀를 뒤로 젖히면 제법 짜증 난 상태라고 보면 됩니다.

Q 가끔 귀찮게 굴면 마징가 귀가 되던데 짜증 난 게 맞았군요.

A 고양이는 강아지와 다르게 영역을 중시하는 동물이에요. 간혹 날카롭게 반응하는 경우가 있는데 대부분 자기 영역을 침범했다고 생각할 때 그래요.

Q 자신의 영역이라면 집사도 허락하지 않는 건가요?

A 그렇죠. 개념을 대하듯 집사가 먼저 다가가는 것이 아니라 냥님이 스스로 다가왔을 때 만져주는 것이 영역을 존중해주는 방법이에요.

Q 아! 기분 좋을 땐 먼저 다가오기도 하더라고요.

A 그럴 때는 적극적으로 스킨십해주세요. 이런 애정이 반복되면 어떤 상황이든 개냥이가 될 수 있을 거예요.

꼬리 외에 감정을 표현하는 신체가 또 있나요?

A 꼬리 외에도 귀 모양, 눈 모양을 보면 알 수 있고, 놀라거나 화가 나면 온몸에 털이 쭝긋 서기도 해요. 스트레스를 많이 받으면 털이 심하게 빠지기도 합니다.

Q 오… 생각보다 다양한 방법으로 감정을 표현하네요.

꼬리로 알 수 있는 냥님 마음

✓ 수평으로 가볍게 뻗음
평온한 상태야.

✓ 방향은 몸통 쪽, 곧게 수직으로 세움
반가워, 기뻐, 기분 최고!

✓ 꼬리에 약간 힘을 주고 아래로 늘어트림
경계 태세! 상황 파악 중!

✓ 꼬리 끝을 살랑살랑 움직임
생각에 잠겨있어.

✓ 꼬리털이 서면서 털이 부풀어 오름
깜짝 놀랐어!

✓ 만지거나 방해 했을 때 꼬리가 크게 움직임
아, 귀찮아

✓ 배 아래로 꼬리가 바짝 말림
긴장 상태야.

✓ 빠르고 크게 휘두름
지금 아주 예민해!

묘종 이야기 13번째

먼치킨 Munchkin

- 🐾 고 향 미국
- 🐾 체 형 세미코비
- 🐾 털 길이 단모, 장모
- 🐾 외 모 네 다리가 모두 짧음. 앞다리가 뒷다리보다 더욱 짧음. 털 색이 다양함
- 🐾 성 격 다정하고 발랄함. 자신감이 넘침. 사람을 잘 따름

고양이계의 닥스훈트로 잘 알려진 품종이에요. 짧은 다리 때문에 점프 실력이 형편없을 거라 생각하겠지만, 생각보다 뒷다리의 힘이 좋아 달리는 속도가 굉장히 빠릅니다. 자신감이 넘쳐서 본인보다 키 큰 고양이 앞에서도 주눅 들지 않아요. 돌연변이 유전자로 인해 발생한 품종이기에 유전질환 위험이 있습니다. 일부 협회는 이러한 이유로 정식 품종으로 인정해주지 않고 있어요. 먼치킨이 유념해야 할 질환에 대해 각별히 신경 써주세요..

Part 3 냥님의 일상

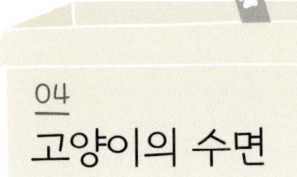

04
고양이의 수면

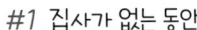

고양이는 잠꾸러기

고양이는 하루 중 무려 15~17시간을 잠에 투자해요. 즉, 깨어 있는 시간은 7~9시간밖에 안 되는 거죠. 하루 내내 자거나, 졸다가 일어나면 그제야 밥도 먹고 그루밍도 하고 사냥도 한답니다. 다들 알고 있는 사실과 다르게 고양이도 외로움을 타는 동물이지만 그만큼 잠이 많아서 다행이다 싶어요. 집사가 집에 없는 동안은 외로울 틈 없이 잠을 자는 거니까요.

#2 내가 자는 게 자는 게 아니야

잠은 많이 자지만 숙면 시간은 짧아요.

천적의 위협으로부터 자신을 보호하려던 경계 태세는 잘 때도 예외 없다고 합니다. 갑작스러운 공격에도 바로 반응하기 위해 얕게 잠자던 야생의 습성이 지금까지 남아있는 것이지요. 그래서 뇌는 깨어있고 몸만 잠들어있는 렘수면 상태가 대부분이고 뇌까지 잠드는 숙면 시간은 몇 시간 되지 않아요.

Part 3 냥님의 일상

#과다 수면 #냥몽

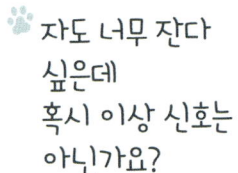
자도 너무 잔다 싶은데 혹시 이상 신호는 아닌가요?

🅐 기본적으로 많이 자는 동물이니 괜찮아요. 단, 깨어있는 시간에 식욕이 없거나 움직임이 둔하면 건강에 문제가 생긴 것일 수 있으니 그때는 병원에 문의하는 것이 좋겠습니다.

🅠 많이 자도 이상한 게 아니라니 정말 부럽네요…

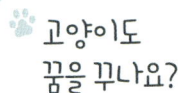
고양이도 꿈을 꾸나요?

🅐 고양이도 사람과 같이 꿈을 꿉니다. 간혹 자는 고양이를 지켜보면 입꼬리가 올라가거나 꾹꾹이를 하는 모습, 쩝쩝거리는 모습을 볼 수 있는데 모두 꿈과 관련될 수 있어요.

🅠 고양이의 꿈에 집사가 나올 수도 있겠네요!

🅐 하하, 꿈에 누가 나왔을지는 고양이만이 알고 있겠죠.

기상천외한 수면 자세

냥님은 유연함에 있어서
빼놓을 수 없는 동물이죠.
이 유연함은 특히 잠자는 모습에서
자주 볼 수 있는데요,
코믹하고 기상천외한 자세들을
사진으로 모두 남겨놓았죠!
'정말 뼈가 없나 봐…',
'저런 자세로 어떻게 잔담…?' 하는 감탄사가
절로 나옵니다.

휴지랑 먼지랑 배를 드러내고ㅋㅋ

뼈가 없는 건 아니겠지…?

모종 이야기
14번째

벵갈 Bengal

- 🐾 **고 향** 미국
- 🐾 **체 형** 롱앤드섭스텐셜
- 🐾 **털 길이** 단모
- 🐾 **외 모** 표범 같은 무늬, 튼튼하고 매끈한 골격, 털 색깔은 대체적으로 갈색이지만 다양한 편
- 🐾 **성 격** 호기심이 넘침, 예민하지만 감정표현이 풍부, 애교가 많음

야성미 넘치는 무늬가 인상적이죠? 벵갈 등 무늬는 여러 종류가 있는데 마블, 레오파드, 로제트 등으로 나뉘어요. 야생의 호랑이처럼 물을 좋아하기로도 유명하죠. 몸집이 크고 골격, 근육도 튼튼한 만큼 운동량이 어마어마해요. 집사가 작정하고 놀아줘야 할 만큼 활동 욕구가 넘칩니다. 수다스럽고 감정표현이 풍부한 냥님이라 집사에게 조잘조잘 말을 걸기도 한답니다.

Part 3 냥님의 일상

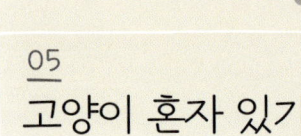

05
고양이 혼자 있기

#1 고양이도 외로움을 탄다

고양이도 집사를 기다려요.

고양이는 외로움을 타지 않는다고 흔히 알고 있지만 그렇지 않아요. 다만 외로움에 대한 표현이 덜할 뿐이죠. 다행히 독립적인 성향 덕분에 하루 이틀 정도 집사가 없어도 힘들어하지 않고, 혼자서도 차분히 생활을 이어갑니다. 하지만 집사가 오랫동안 보이지 않으면 고양이도 점점 기다리기 시작해요. 퇴근하고 돌아오면 문 앞까지 나와서 반겨주기도 하고 화장실 앞에서 집사가 나올 때까지 앉아있기도 하지요.

#2 자나깨나 냥님 걱정

집을 오래 비우면
방문 탁묘나 호텔링을!

3일 이상 집을 비운다면 냥님을 대신 돌봐줄 사람이 필요해요. 밥과 물을 아무리 넉넉하게 줬다 해도 언제 떨어질지 모르는 일이고, 화장실 관리가 오래도록 안 돼서 소변을 참다가 질병으로 이어질 수도 있어요. 갑작스럽게 아플 수도 있고요. 무엇보다 고양이도 사람을 기다리고 있을 거예요. 방문 펫시터 서비스를 이용하거나 지인에게 방문 탁묘를 부탁하세요. 이동을 무서워하지 않는 고양이라면 지인의 집이나 호텔에 맡기는 방법도 있습니다.

Part 3 냥님의 일상

#집 비우기 전 주의사항 #분리불안

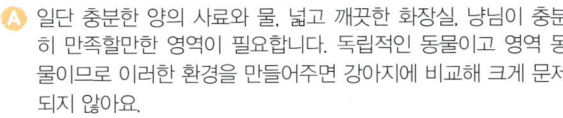

Q 집을 오래 비울 때 꼭 신경 써야 하는 게 있다면요?

A 일단 충분한 양의 사료와 물, 넓고 깨끗한 화장실, 냥님이 충분히 만족할만한 영역이 필요합니다. 독립적인 동물이고 영역 동물이므로 이러한 환경을 만들어주면 강아지에 비교해 크게 문제되지 않아요.

Q 집사가 오면 강아지처럼 반겨 주기도 하던데… 고양이는 분리불안 증상이 나타나지 않나요?

A 기본적으로 독립심이 강한 동물이라 강아지보다 분리불안 증상이 많지 않아요. 하지만 요즘은 '개냥이'라는 특별한 종(?)이 출현했죠? 보호자와 유대관계가 심화할수록 고양이도 분리불안증을 느낄 가능성이 있습니다.

Q 그 특별한 종(?) 우리 집에도 있는 것 같아요!

우리도 집사를 기다린다옹

문 앞에서 집사 기다리는중

방문을 닫거나 화장실에 들어가면
봉지와 휴지가 이렇게 기다리고 있어요.
집사가 나올 때까지 끈기 있게 앉아서
조용히 기다립니다.
너무 안 나올 땐 울거나 문을 긁기도 하고요. 개님처럼요.
막상 문을 열면 언제 그랬냐는 듯
사뿐사뿐 제 갈 길을 가버리는
시크한 냥님으로 다시 돌아가지만요.

"아부지가 안 나온다옹"

묘종 이야기 15번째

메인쿤 Maine Coon

- 고 향 미국
- 체 형 롱앤드섭스텐셜
- 털 길이 장모
- 외 모 풍성하고 빽빽한 털. 고양이 중 가장 큰 대형 고양이. 털 색이 매우 다양함
- 성 격 온화하고 사람을 좋아함. 호기심이 많고 활발함

'거대한 고양이'로 해외 토픽에도 자주 등장하는 냥님으로 120cm의 메인쿤 고양이가 세상에서 가장 긴 고양이로 2006년 기네스북에 오르기도 했어요. 미국의 메인주에서 주로 활동하던 것과 빵빵한 꼬리가 너구리와도 비슷한 것에서 메인쿤이라는 이름이 붙었습니다. 덩치가 큰 만큼 근육질의 탄탄한 몸이 멋지답니다. 추운 지역의 고양이라 방한은 물론이고 물에도 잘 젖지 않는 털을 갖고 있어요.

Part 3 냥님의 일상

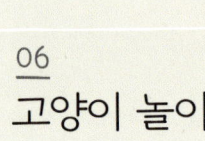

06
고양이 놀이

#1 은둔형 사냥꾼

고양이는
타고난 사냥꾼

고양이가 가진 대부분의 습성은 사냥 습관에서 비롯됐다 해도 과언이 아닙니다. 운동화 끈을 조금만 흔들어도 반응을 보일 정도로 사냥 감각이 매우 뛰어나요. 고양이마다 사냥 스타일도 모두 제각각이에요. 먼지는 장난감이 보이면 숨는 행동을 제일 먼저 해요. 숨어서 지켜보다가 확 튀어나오곤 하죠. 그래서 놀아주는 저도 스릴을 즐겨요(?). 반면에 요지는 아무 긴장감 없이 보이는 족족 잡기 바쁘고요.

#2 흔치 않은 채터링

아무나 하지 않는 채터링

채터링에 관해선 얘기만 들어왔지 한 번도 본적 없었어요. 먼지, 봉지, 휴지는 채터링을 하지 않았거든요. 그러다 막내 고양이 요지가 들어오면서 채터링을 처음 목격하게 됐어요. **사냥감이 무척 잡고 싶은데 잡을 수 없는 상황일 때 이런 애타는 소리를 낸다고 해요.** 채터링을 할 줄 아는 고양이라도 사냥 때마다 매번 하진 않기에 굉장히 희귀한 광경이랍니다.

#사냥놀이 #사냥놀이 유의점

> **사냥놀이는 얼마나 자주 해줘야 할까요?**
>
> 하루에 15분씩 2회 정도 놀아주는 것이 좋습니다. 강아지는 산책을 통해 스트레스를 해소할 수 있지만, 고양이는 산책이 사실상 힘듭니다. 따라서 사냥놀이를 통해 꼭 스트레스를 해소할 수 있게 도와주세요.

> **사냥놀이를 할 때 유의할 점이 있을까요?**
>
> Ⓐ 레이저 포인터나 스마트폰 앱으로 놀아주는 행동은 가급적 피해야 합니다.
>
> Ⓠ 집사도 편하고 냥님도 잘 갖고 놀던데… 무엇이 문제인가요?
>
> Ⓐ 실체가 없는 사냥감이기 때문에 허탈감이 들 수 있고 사냥에 대한 자신감을 잃어 오히려 스트레스를 줄 수 있어요. 실수로 레이저 포인터를 냥님의 눈에 직접 겨냥하는 경우도 위험해요.
>
> Ⓠ 직접 잡을 수 있는 사냥감이 좋겠네요!
>
> Ⓐ 맞아요. 간식을 스낵 볼이나 푸드 퍼즐에 넣어주거나 낚싯대, 쥐 인형 등의 장난감으로 놀아주면 좋아요.

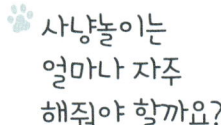

다양한 고양이 장난감

낚싯대형

스프링형

꼬지형

쥐돌이

고양이 장난감은 종류도 많고 가격대도 다양해요. 비싸고 튼튼한 장난감보다는 저렴하고 허술한 장난감을 추천해요. 고양이는 사냥감을 잡고 뜯어 발기는 것에서 스트레스를 해소하거든요. 너무 튼튼해서 망가지지 않는 장난감은 고양이도 금방 싫증 낼 수 있어요. 새로운 장난감에 더 빨리 반응하고 재미있어하니 저렴한 것을 여러 번 사는 걸 추천합니다.

묘종 이야기 16번째

스핑크스 *Sphynx*

- 🐾 고　　향　캐나다
- 🐾 체　　형　세미포린
- 🐾 털 길이　단모
- 🐾 외　　모　털이 거의 없다 느껴질 정도의 짧은 털, 귀가 크고 미간과 피부의 주름이 도드라짐
- 🐾 성　　격　친화력이 좋고 다정함. 민첩하고 영리함

털이 없는 고양이로 잘 알려져 있지요. 털이 있긴 하지만 없다고 봐도 무방할 정도로 짧아서 피부의 주름까지 모두 드러냅니다. 실제로 스핑크스의 몸을 만져보면 복숭아 같은 털 결이 느껴지기도 해요. 얼굴의 주름이 훤히 드러나는 덕분에 인상을 쓰고 있는 것 같아 까칠해 보이기도 하지만 친화력이 좋아요. 다 드러난 피부 때문에 상처가 나기 쉽습니다. 이런 점 때문에 다른 고양이와 함께 키우기엔 적합하지 않다는 의견도 있어요.

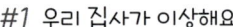

07 고양이 훈련

고양이는 고양이답게!

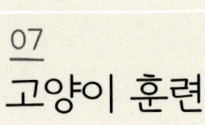

강아지는 주인의 칭찬을 좋아하기 때문에 "손", "앉아" 등의 훈련이 가능하지만 '복종'에 관심 없는 고양이들은 이런 행동에서 별 의미를 찾지 못해요. 단순히 앞발을 내밀거나 앉아보라는 귀여운 행동을 요구하기보다는 사람과 함께 잘 살아가는 데 도움이 되는 행동을 가르친다는 목적을 갖는 게 좋아요. 물론 고양이는 '훈련'이라는 개념이 잘 통하지 않으므로 길들이는 것이 매우 매우 어렵다는 거 미리 알고 합시다!

#2 하악질 연습

잘못된 행동임을 알게 해주세요.

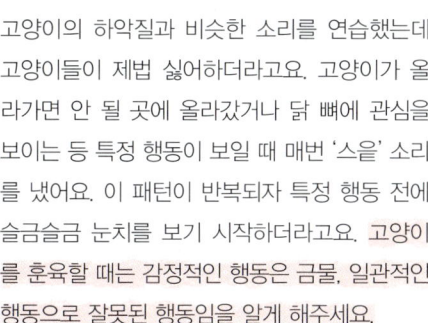

고양이의 하악질과 비슷한 소리를 연습했는데 고양이들이 제법 싫어하더라고요. 고양이가 올라가면 안 될 곳에 올라갔거나 닭 뼈에 관심을 보이는 등 특정 행동이 보일 때 매번 '스을' 소리를 냈어요. 이 패턴이 반복되자 특정 행동 전에 슬금슬금 눈치를 보기 시작하더라고요. 고양이를 훈육할 때는 감정적인 행동은 금물. 일관적인 행동으로 잘못된 행동임을 알게 해주세요.

#칭찬과 보상의 효과 #훈육 #페트병 & 콩

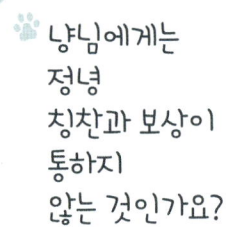

냥님에게는 정녕 칭찬과 보상이 통하지 않는 것인가요?

A 냥님도 칭찬과 보상이 통합니다.

Q 헉, 정말요?!

A 물론 독립적인 성향이 강해 강아지보다는 시간과 노력이 더 필요하지만, 고양이도 보호자를 가족으로 생각하고 서로 의지하는 성질이 있으므로 충분히 인내심을 갖고 노력한다면 칭찬과 보상 개념을 인지합니다.

Q 하지만 맘대로 하는 냥님이 전 더 좋은데… 왜 때문이죠?

고양이에게 훈육은 어떤 방식이 좋을까요?

Q 직접 야단치는 것은 어떤가요?

A 큰소리로 혼내면 오히려 고양이와의 관계가 틀어질 수도 있으니 절대 하지 마세요.

Q 그럼 다른 훈육하는 방법은 없는 걸까요?

A 지속해서 문제를 일으킨다면 집사가 소리를 치는 것보다는, 빈 페트병에 콩을 넣어 바닥을 치며 자극적인 소리를 내보세요. 나쁜 습관을 고칠 때 유용합니다.

문제 행동 미리 예방하기

깨끗~

✓ 고양이가 움직이는 동선에 있는 음식물은 미리 치우기
✓ 테이블 깨끗이 치우기
✓ 테이블 위 고양이 쉼터 만들어 주기

고양이 훈련은 말처럼 쉬운 게 아닙니다.
고양이를 학습시키기 보다는 내가 먼저 움직여 예방하는 편이 더 낫더라고요.
먼저가 핥기 좋아하는 비닐은 쓰레기통에 미리미리 버리고,
테이블 위에는 물건을 많이 올려 두지 않고, 테이블 위에 올라오더라도 제 일을 방해하지 않게
고양이 쉼터를 따로 마련해두는 등 예방에 더 힘썼어요.

묘종 이야기 17번째

터키시 앙고라 *Turkish Angora*

🐾 고　　향　터키
🐾 체　　형　포린
🐾 털 길이　중장모
🐾 외　　모　눈같이 하얀 털, 맑고 파란 눈
🐾 성　　격　지능이 높고 호기심도 많음. 사람을 좋아하지만 특히 주인을 좋아함

광채를 띠는 파란색 눈이 하얀 털과 조화를 이뤄 정말 아름다운 냥님이에요. 드물게 양쪽 눈 색이 다른 경우가 있는데 이를 '오드아이'라 부릅니다. '오드아이' 친구들은 귀가 잘 들리지 않는 경우가 많다고 해요. 털 길이는 장모와 단모 사이 그 중간쯤이라 중장모로 구분된답니다.

Part 3 냥님의 일상　85

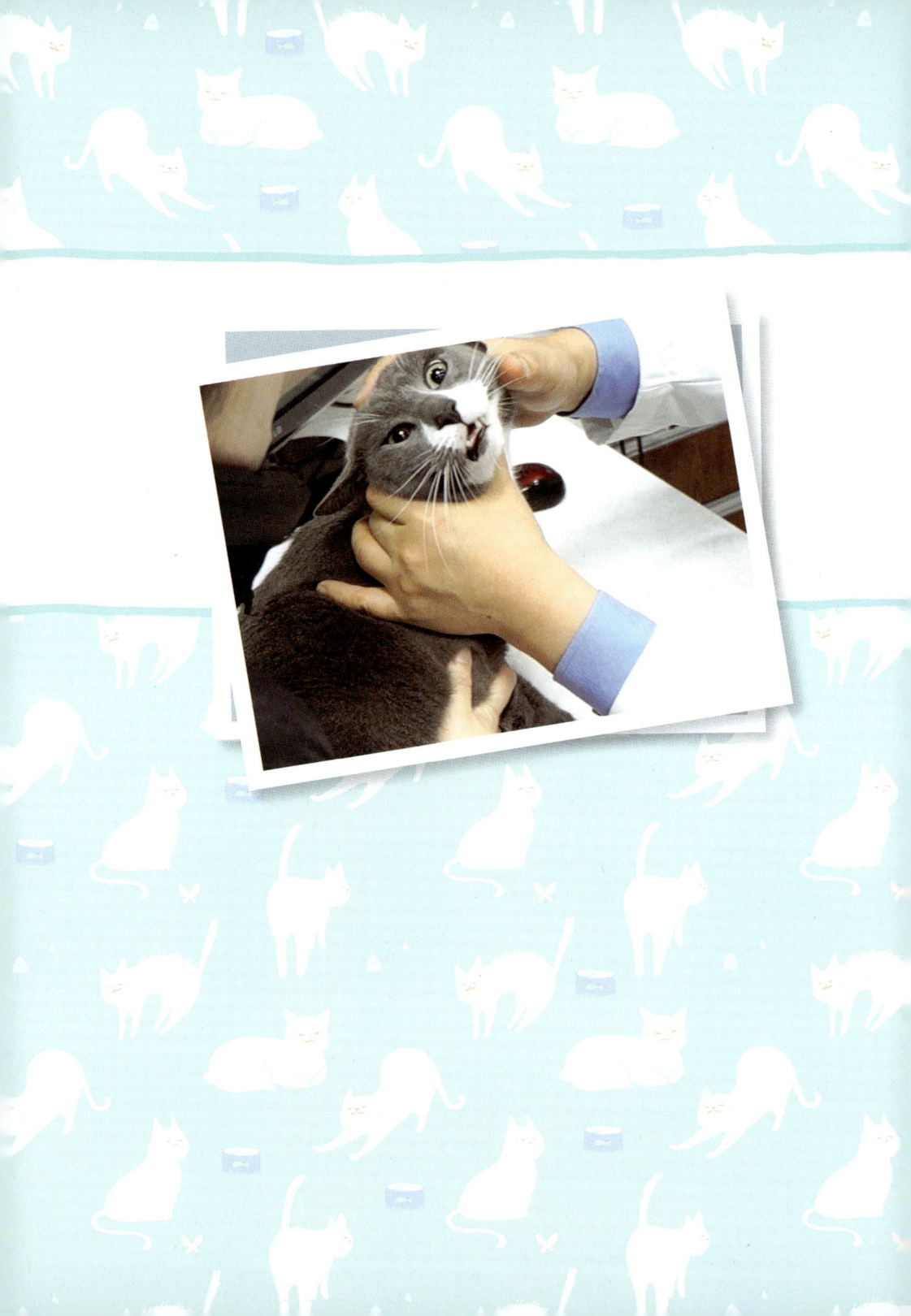

Part 4
건강한 냥님

01. 구토, 설사　　02. 눈, 치아 건강　　03. 건강의 핵심, 물
04. 사람에게 옮기는 질병　05. 중성화 수술　　06. 예방과 관리

01
구토, 설사

#1 풀 먹는 고양이

잦은 구토는 질병의 신호

건강한 고양이도 구토할 수 있어요. 그루밍 하다가 먹은 털을 '헤어볼'로 뱉어내거나 밥을 너무 급하게 먹었을 때도 토를 해요. 하지만 며칠 내내 구토가 이어지면 몸이 아픈 것일 수 있고 잦은 구토로 탈수 현상이 올 수도 있어요. 때문에 한 번 시작된 구토가 계속 되거나 거품 토를 한다면 몸에 이상이 생긴 것일 수 있으니 바로 병원에 가보세요.

#2 들락날락

설사의 원인을 찾아주세요.

사람처럼 고양이도 일시적인 이유로 설사를 할 수 있어요. 사료를 갑자기 바꿔 먹여도 설사를 할 수 있으니 사료를 바꿀 때는 기존 사료와 조금씩 섞어가며 천천히 바꿔야 해요. 설사할 때는 화장실을 자주 들락날락할 수 있으니 화장실 가는 횟수도 체크가 필요해요. 역시 집사 되기 쉽지 않죠? 설사의 원인은 너무 다양하니 설사가 계속된다면 병원에 가서 진찰을 받아보세요.

#구토 이유 #헤어볼 #토사물 섭취 #변비 증상

구토 이유로 어떤 게 있을까요?

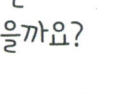

A 고양이는 그루밍을 하며 털 일부를 먹게 되므로 구토를 종종 하게 됩니다.

Q 그게 헤어볼인가요? 그럼 털이 그대로 나오나요?

A 맞아요. 토사물에 털 뭉치가 있는 걸 확인할 수 있답니다.

Q 구토를 지속해서 한다면 어쩌죠?

A 헤어볼이 아닌 구토가 일주일에 3회 이상 반복된다면 어딘가 아픈 것일 수 있으니 병원에 꼭 문의하는 것이 좋습니다.

토한 걸 다시 먹기도 하던데 괜찮을까요?

A 고양이는 되새김질하는 동물이 아니에요. 토한 것을 먹는 것은 건강상 좋지 않습니다.

Q 토한 걸 발견하면 바로바로 치워야겠네요!

변비 증상으로 어떤 게 있나요?

A 고양이는 강아지보다 스트레스에 예민하여 변비가 많은 편이에요. 변비 때문에 대장 전체를 제거하는 수술도 빈번합니다.

Q 변비 증상은 어떤 게 있나요?

A 변을 보기 전 빙글빙글 돌며, 변이 바로 나오지 않고 힘들어하면 변비일 가능성이 있습니다. 변이 짧고 똑똑 끊어 떨어지거나 지나치게 무석한 것도 변비 증상 중 하나입니다.

Q 변비는 어떻게 예방할 수 있을까요?

A 충분한 물 공급이 필요합니다. 고양이용 유산균을 먹여주는 것도 예방에 좋습니다.

냥님이 보내는 아프다는 신호

- 귀를 지나치게 많이 긁음
- 눈이 붓거나 눈물이 남
- 평소보다 자주 이상한 울음소리를 냄
- 기침을 하고 호흡이 빠름
- 걸음이 불편하고 높은 곳에 잘 올라가지 못함
- 털 빠짐이 심하고 각질이 일어남
- 항문 쪽을 가려워 하거나 엉덩이를 바닥에 끎
- 잦은 구토
- 식욕과 기운이 없음
- 식욕이 증가했는데 몸무게는 감소
- 입냄새가 심하고 침을 흘림
- 몸을 가려워하며 비비거나 깨뭄
- 변의 상태가 좋지 않고 횟수가 많아짐
- 물을 평소보다 많이 먹거나 소변의 양이 많아짐

고양이는 아프다는 말을 할 수 없을뿐더러 아픈 티를 잘 내지 않습니다. 평소에 냥님의 밥 먹는 횟수, 화장실 용변 상태, 호흡, 활동량 등의 냥님의 일상생활, 몸 상태에 늘 관심을 가지고 관찰해주세요. 평소와는 다른 냥님의 이상 증상이 보이면 지체말고 병원에 꼭 문의하세요.

묘종 이야기 18번째

랙돌 Ragdoll

- 고 향: 미국
- 체 형: 롱앤드섭스텐셜
- 털 길이: 중장모
- 외 모: 대표적인 대형묘 중 하나. 크림색 털, 너구리처럼 눈 주위가 검음
- 성 격: 인내심이 강하고 온화함

고양이계의 얼굴마담이라 불리는 초미묘 고양이입니다. 우아하고 풍성한 크림색 털, 명품 선글라스 같은 눈 주위의 갈색 털 덕분이죠. 너구리의 외모와도 비슷합니다. 대형묘에 속하기 때문에 골격이 크고 몸무게도 좀 나가는 편이에요. '랙돌'이라는 이름은 들어올렸을 때 인형처럼 축 처진다고 해서 붙여진 이름인데요, 그만큼 인내심이 강하고 온순한 성격을 가졌답니다. 완전히 성장할 때까지는 4년 정도 걸려요.

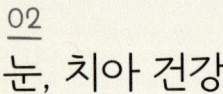

02
눈, 치아 건강

힘들고 어려워도 양치는 필수!

고양이는 치아 관리가 매우 중요해요. 치석이 쌓여 치아질환이 생기면 심각한 고통을 유발하거나 이빨을 모두 뽑아야 하는 일이 생길 수도 있어요. **치석이 쌓이면 양치질로는 제거가 힘드니** 치석이 쌓이기 전에 양치질로 미리미리 예방하는 게 중요합니다.

#1 고양이 전용 칫솔

#2 고양이도 눈물을?!

고양이 눈물의 진실

고양이가 눈물을 흘리는 이유는 여러 가지입니다. 그중 흔한 원인은 **고양이 감기라고도 불리는 허피스바이러스(FHV-1)인데요. 한쪽 눈이 붓고 눈물, 콧물, 재채기까지 동반됩니다.** 특히 먼지는 감기에 한 번 걸리면 쉽게 낫질 않아요. 눈물을 방치하면 결막염까지 올 수 있다고 하니 눈에 이상이 있으면 꼭 병원에 문의하세요.

Part 4 건강한 냥님

#냥님 양치 방법   #눈물 흘리는 이유

양치는 매일 해야 하나요?

A 매일 하는 것이 좋지만 적어도 일주일에 한 번 이상은 시켜주세요.

Q 냥님들이 양치질을 너무 싫어해요…

A 치석이 쌓이면 통증을 유발하는 여러 질환에 쉽게 노출돼요. 치아의 통증보다는 양치질이 훨씬 나을 거예요.

눈물을 흘리는 이유로 어떤 게 있을까요?

A 사람도 하품하면 눈물 나고, 자고 일어나면 눈곱이 끼듯 고양이도 마찬가지입니다. 다만 눈물의 양이 지나치게 많아 눈 아래가 자주 헐어서 염증이 생긴다면 유루증이란 질환을 의심할 수 있어요. 허피스바이러스라는 고양이 감기에 걸리면 눈물, 콧물, 재채기 등의 상부 호흡기 증상이 나타나기도 합니다.

Q 역시 눈물이 너무 많이 나온다면 병원부터 가봐야겠네요.

냥님 치아 건강은 집사 하기 나름 🐾🐾

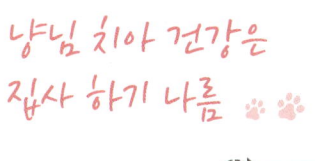

360도 칫솔

작은 칫솔

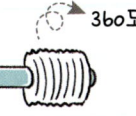

사람용 어금니 칫솔

쉽게 구할 수 있는 넓은 면의 칫솔보다는 고양이 전용으로 나온 칫솔을 추천합니다.
고양이 이빨은 작고 가늘어서 브러시의 크기도 작아야 알맞아요.
사람 어금니 전용으로 나온 칫솔도 꽤 잘 맞더라고요.

칫솔질이 힘들다면 손가락에 거즈를 싸서
닦아주는 방법도 좋아요.

거즈

묘종 이야기
19번째

도메스틱 캣 *Domestic Cat*

🐾 **고　　향** 한국
🐾 **체　　형** 포린
🐾 **털 길이** 단모
🐾 **외　　모** 골격이 매끈하고 근육이 잘 발달됨.
　　　　　　　털 색과 눈 색이 다양함
🐾 **성　　격** 활발하고 야성적, 호기심이 충만함.
　　　　　　　까칠한 면도 있음

우리가 흔히 '코리안 쇼트헤어'라고 부르는 한국 토종 고양이입니다. '코리안 쇼트헤어'는 정식 품종명이 아닌 애묘인들 사이의 별칭으로 사실은 '도메스틱 캣'이 정식 명칭입니다. 다양한 유전자가 섞인 만큼 성격도 외모도 매우 다양해요. 턱시도, 삼색이, 치즈, 고등어, 젖소, 카오스, 올블랙 이렇게 7가지 코트로 나뉩니다.

Part 4 건강한 냥님　95

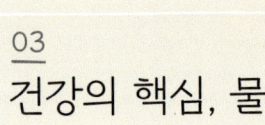

03
건강의 핵심, 물

고양이의 수분 섭취를 신경 써주세요.

먼지는 7살이 되던 해에 신장에서 결석을 발견했어요. 그 때문에 평소보다 물을 더 챙겨주고 있고 주기적으로 검사도 받고 있답니다. **고양이의 사망 1위 질병이 바로 신장 질환이라고 해요.** 신장 질환은 수분 섭취와 밀접한 관련이 있는 만큼 충분한 양의 물을 잘 마셔야 하지만 냥님이 알아서 잘 마셔주진 않아요. 그래서 수분 함량이 10% 이하인 건사료에 비해 **수분 함량이 70~80%인 주식 캔을 자주 급여해주고 있어요.**

#1 건강 이상 신호

#2 집사 물이 내 물

좋아하는 물도 가지각색

집에 물그릇이 6개 이상 놓여 있지만 냥님마다 선호하는 물그릇의 형태가 다 달라요. 유리그릇, 머그잔, 사기그릇, 실리콘 그릇 등 물그릇도 여러 가지 사용해 보고 정수기 물, 수돗물 등 여러 냄새의 물을 마셔보게 한 다음 냥님이 선호하는 물그릇에 물을 내어주면 좀 더 자주 마시게 할 수 있어요. 물을 맛있게, 자주 마실 수 있게 최선을 다해주세요!

#적정 음수량

고양이가 하루에 마셔야 하는 물의 양을 알려주세요.

A. 4kg 고양이가 하루에 필요한 수분은 220㎖입니다. 몸무게 0.5kg 당 20㎖정도 줄이거나 늘려서 계산해보면 내 고양이의 필요 수분량을 대략 알 수 있어요.

Q. 하지만 물을 코앞에 가져다줘도 잘 마셔주질 않아요.

A. 기준량을 물로만 채울 필요는 없어요. 습식 사료나 간식에도 일정량의 수분이 포함되어 있으니 음식으로도 물을 더 공급할 수 있어요.

Q. 물을 더 잘 마시게 하려면 어떤 방법이 있을까요?

A. 항상 신선한 물을 주셔야 해요. 그릇에 있는 물을 잘 마시지 않는다면 흐르는 물로 시도해보세요. 흐르는 물을 좋아하는 경우도 꽤 많답니다.

Q. 물을 너무 많이 마셔도 이상이 있는 거라고 하던데…

A. 정해진 양보다 지나치게 많이 마신다면 고양이 당뇨나 염증성 질환, 갑상선 기능 항진증, 변비, 비뇨계 질환 등 여러 가지 질환을 의심할 수 있어요. 이상을 발견했다면 반드시 병원에 문의하세요.

Q. 감시를 철저히 해야겠어요.

A. 감시…까진 아니어도…

냥님 물 마시게 하는 꿀팁

캣닢 가루

습식 사료 국물

닭 육수

여러 방법을 써봐도 물을 잘 마시지 않는다면 물에 캣닢 가루를 뿌려주거나 평소 냥님이 좋아하는 습식 사료의 국물 또는 닭고기를 삶은 육수 등을 물에 섞어주는 방법도 좋습니다.

묘종 이야기 20번째

아메리칸 컬 *American Curl*

뒤로 넘어간 모양의 귀가 정말 독특해요. 그만큼 희귀한 품종이라 쉽게 뵙기 힘든 냥님이에요. 장모와 단모가 모두 존재하지만 단모가 좀 더 많아요. 귀가 뒤집혀 있어 슬쩍 잡아보고 싶은 호기심이 일 수 있지만 단단한 연골로 되어 있어 조심해야 합니다. 귀만 조심한다면 초보 집사가 기르기에도 꽤 적합한 냥님이에요.

- 🐾 고 향   미국
- 🐾 체 형   세미포린
- 🐾 털 길이   단모, 장모
- 🐾 외 모   뒤집힌 채로 동그란 형태의 귀. 털 색과 눈 색이 다양함
- 🐾 성 격   애정표현에 적극적이고 명랑함

Part 4 건강한 냥님

04 사람에게 옮기는 질병

집사에게도 옮는 곰팡이성 피부병

링웜, 백선이라고도 불리는 이 **곰팡이성 피부병**은 **사람에게도 옮을** 정도로 전염성이 높고, **완치에도 시간이 오래 걸려요**. 메주네 링웜 사태는 3달이 지나서야 끝났을 정도니까요. 격리 치료는 물론이고 병원 치료도 성실히 받아서 완치를 빠르게 앞당기는 게 최선입니다.

#1 곰팡이성 피부병

#2 고양이 알레르기

털이 아닌
타액이 범인

고양이 털 때문에 알레르기 반응이 나타난다고 알려졌지만 사실은 고양이 침에 포함된 특정 단백질 성분이 알레르기 증상을 유발한다고 해요. 고양이 알레르기가 있는 사람은 재채기, 간지러움, 눈물, 콧물 등의 증상이 나타나요. 제 친구 처럼 하루 정도는 참을 수 있을지 몰라도 10년 넘는 시간을 참을 수는 없어요. 고양이 입양 전에 자신에게 알레르기가 있는지 먼저 꼭 확인하세요.

#곰팡이성 피부병 #알레르기

Q 곰팡이성 피부병에 걸리면 어떤 치료를 받게 되나요?

A 최소 2주에서 8주가량 항진균제를 복용하고 연고도 바르면 완치할 수 있지만 전염성이 강하고 재발률도 높으니 꾸준한 관리가 필요해요.

Q 예방할 방법은 없나요?

A 곰팡이성 피부병은 제법 흔한 질병이에요. 냥님은 사람보다 피부가 약해서 면역이 조금만 떨어져도 곰팡이성 피부병에 쉽게 노출되죠. 적절한 면역 관리와 환경 관리가 우선입니다.

Q 환경 관리라면 어떤 게 있을까요?

A 높은 실내 습도와 불결한 환경이 원인이 될 수 있지요. 적정 습도를 잘 유지하고 환기도 자주 시켜주세요.

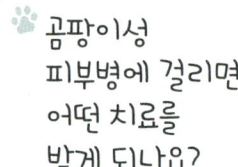

Q 고양이 알레르기는 털 때문이 아니라고 들었어요?!!

A 사실입니다. 알레르기를 일으키는 물질은 Fel d1이라는 단백질인데 고양이의 침이나 각질 그리고 눈물 등에 포함되어 있어요. 이 단백질이 그루밍을 통해 털 전체에 퍼지면서 사람에게도 영향을 주는 것이죠.

Q 아, 고양이의 털이 원인은 아니었군요.

A Fel d1은 암컷보다는 수컷이, 특정 품종 중에서는 러시안블루, 오리엔탈 쇼트헤어, 스핑크스, 벵갈이 덜 생산하는 것으로 알려져 있어요.

Q 알레르기가 있는 사람은 말씀하신 품종으로 데려오면 되겠네요?!

A 글쎄요. 이 품종이 알레르기를 일으키지 않는다고 단언할 수는 없어요.

Q 그렇군요. 냥님을 모셔오고 뒤늦게 알레르기 증상을 발견한다면… 방법이 없을까요?

A 고양이와 생활 구역을 나누어야 하고 침구류는 자주 세탁 해야겠죠. 고양이와 접촉 시 반드시 손을 닦는다면 어느 정도 예방할 수 있을 거예요.

Q 역시 쉽지 않은 일이네요. 고양이 알레르기가 있는지 미리 검사받는 게 좋겠어요.

A 맞아요. 이비인후과나 내과에서 고양이 알레르기 검사를 받을 수 있으니 고양이를 입양하기 전에 검사 먼저 해보는 것이 좋아요.

냥님을 괴롭히는 곰팡이성 피부병

요지의 턱 쪽에 생긴 링웜

먼지의 귀에 생긴 링웜

피부병에 걸렸던 고양이 셋 중
요지가 가장 빨리 완치됐어요.
곰팡이성 피부병을 가져온 당사자가 바로 요지였는데 말이죠.
휴지는 완치까지 한 달 정도 걸렸고 먼지는 석 달이나 걸렸어요.
조금 나아지는 것 같다가 다시 빨갛게 올라오고, 한 부위가 나아지면 또 다른 부위에 생기고…
고양이들의 완치 속도는 아무래도 면역력과 관계있는 것 같았어요.
잔병치레가 비교적 많은 먼지가 가장 오랫동안 아팠거든요.

묘종 이야기 21번째

맹크스 Manx

- 고   향 영국
- 체   형 포린
- 털 길이 단모
- 외   모 골격이 매끈하고 근육이 잘 발달함.
           털 색과 눈 색이 다양함
- 성   격 활동적이고 사냥에 매우 능함. 온순
           하고 사교적임

꼬리가 없거나 토끼 꼬리처럼 짧게 태어났지만, 균형을 잡는 데는 아무 문제가 없답니다. 그만큼 뒷다리의 힘이 발달했거든요. 꼬리가 없는 이유로 노아의 방주에 급히 올라갔다가 꼬리가 문에 끼어 짧아졌다는 설화도 있어요. 사냥에도 매우 능해서 자기 몸집보다 큰 사냥감을 거뜬히 잡아 오는 냥님입니다.

05
중성화 수술

#1 중성화 수술 과정

수술 전
검사는 필수!

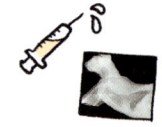

수술 전에 여러 검사 없이 마취와 수술을 진행했다간 고양이의 목숨이 위험할 수 있어요. 검사 비용이 조금 부담되더라도 수의사와 상담 후 **혈액검사, 엑스레이 촬영, 항체검사 등의 검사를 반드시 해야 합니다.** 수술 후 하루 이틀 정도는 집에 있으면서 돌봐주는 게 좋으니 미리 시간을 비워두세요.

암수가 다른 중성화 수술

땅콩 알만 빼낸다는 사실을 알고는 있었지만 실제로 보니 '아… 저런 거구나…' 하는 생각이 들었어요. 성별에 따라 중성화 수술 방법이 다른데 수컷 고양이는 음낭을 작게 절개해 고환을, 암컷 고양이는 개복 수술을 통해 난소와 자궁을 적출하게 됩니다. 수술 부위와 절개 길이가 다르기 때문에 비용이나 회복 기간에도 차이가 있어요.

#중성화 수술 #고양이 발정

🐾 **중성화 수술 꼭 해야 할까요?**

A 중성화 수술을 불쌍하다고 생각하는 집사가 많지만, 진짜 불쌍한 상황은 수술을 안 함으로써 생길 수 있는 질환과 생리 현상이에요. 발정이 오면 고양이의 스트레스 또한 극심해져요. 1년에도 여러 번 발정기가 오고 한 번 발정이 오면 쉽게 사그라지지 않아요. 비뇨기 증후군이나 치명적인 유선 종양이 생길 확률도 높아지므로 고양이의 정신적, 신체적 건강을 위해 해주는 게 좋습니다.

Q 고양이에게 발정이 오면 어떤 변화가 오나요?

A 수컷과 암컷 모두 극심한 스트레스 상황이 됩니다. 수컷 고양이는 소변을 여기저기 뿌리며 마킹을 하고, 암컷을 찾아 계속 집 밖으로 나가려 합니다. 혹여나 집을 나가버리면 영역 싸움으로 다쳐서 오는 경우가 많아요. 암컷 또한 발정으로 인한 처절한 울음소리를 내서 잠을 설치게도 하죠.

Q 그럼 중성화 수술은 시기적으로 언제쯤 하는 게 좋을까요?

A 수컷 고양이는 생후 6~8개월 사이, 암컷 고양이는 7~8개월 전후가 좋아요. 너무 이른 수술은 특발성 비뇨기 증후군 발생 확률이 더 높아진다는 연구 결과가 있어요.

중성화 수술로 방지할 수 있는 것들

중성화 수술로 인해 그들의 본능을
빼앗는 것만 같아 미안한 마음이
들 수 있지만, 발정으로 인한
스트레스와 몸의 이상 신호는
사람이 상상할 수 없는 수준의 고통을 가져온다고 해요.
교미와 출산에 대한 고통 또한 마찬가지예요.
고양이의 몸과 마음이 건강할 수 있고
집사도 고양이도 더 행복할 수 있는 길이니
자책은 하지 않기로 해요.
중성화 수술 후에는 살이 찔 수 있으니
수술 후 체중 관리에 힘쓰는 것 잊지마세요.

✓ 울부짖음
✓ 소변 스프레이

✓ 생식기 관련 질환

✓ 원치 않는 임신

✓ 발정으로 인한 가출

묘종 이야기 — 22번째

히말라얀 *Himalayan*

- 🐾 **고　향** 미국, 영국
- 🐾 **체　형** 코비
- 🐾 **털 길이** 장모
- 🐾 **외　모** 샴과 같은 포인트 컬러. 크림색의 풍성한 털과 파란색 눈
- 🐾 **성　격** 조용하고 점잖음. 노는 것을 좋아하고 활동적

크림색 전신에 얼굴, 귀, 꼬리, 발에 수묵을 떨어트린 것 같은 외모는 인형 같으면서도 우아한 느낌이 나요. 코비 체형답게 얼굴, 눈이 동그랗고 코가 낮아 귀여운 냥님이에요. 털이 풍성한 만큼 관리도 아주 중요한데요, 빗질을 수시로 해주지 않으면 쉽게 엉켜 괴로워할지 몰라요!

06 예방과 관리

#1 예방접종

예방접종과 항체검사는 주기적으로

접종을 통해 생긴 항체는 고양이의 체질, 건강 상태에 따라 효과가 달라요. 그래서 **예방접종만큼 항체검사도 중요하답니다.** 항체검사를 통해 힘이 떨어진 항체가 있는지 검사한 다음 예방접종에 대해 수의사와 충분히 상담해주세요. 때문에 주기적인 건강검진이 꼭 필요합니다.

#2 감시쟁이 집사

이유 있는 집사의 감시

고양이 몸에 불편해 보이는 곳이 없는지 주의 깊게 관찰하는 것이 중요해요. 질병 징후는 행동 패턴에서 가장 먼저 나타나기 때문이지요. 사료를 너무 많이 흘린다면 치아에 문제가 생긴 것일 수 있고, 물을 평소보다 너무 많이 마시거나 소변량에 변화가 있다면 신장 질환을 의심할 수 있어요.

#건강검진 시기 #대표적 질병 징후

건강검진은 언제 받는게 좋을까요?

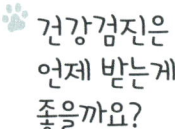

A 새끼 고양이 같은 경우는 일단 분양받은 직후에 기본적인 검사가 필요합니다. 검사상 이상이 없더라도 최소 일주일간은 주의 관찰이 필요해요.

Q 왜 그런 건가요?

A 바이러스 질환에 감염되어있더라도 검사 당시에는 확진을 못 할 수도 있거든요. 2주가 지나도 특별한 이상이 없다면 건강한 고양이로 판단할 수 있어요.

Q 그럼 성묘의 건강검진은 언제가 좋을까요?

A 생후 7년이 넘은 고양이는 1년에 한 번씩 정기검진이 필요합니다.

대표적인 질병 징후는 어떤 게 있을까요?

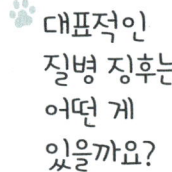

A 가장 기본적인 것이 식욕부진입니다.

Q 사람처럼 아프면 입맛이 떨어지나 봐요?

A 그렇다고 볼 수 있죠. 고양이는 강아지와 달리 식욕부진이 3일 이상 장기화되면 간질환이 찾아올 수 있으니 식사량을 확인하는 게 가장 중요합니다.

Q 밥을 잘 먹는지 살펴볼 것… 그리고 또 뭐가 있나요?

A 이외에도 설사와 구토가 있거나 움직임이 둔해지고 모질이 거칠어졌다면 질병 징후일 수 있어요.

건강검진 시 냥님이 받는 검사들

고양이는 아픈 곳이 있어도 잘 표현하지 않고,
고통을 참는 편이에요.
그래서 병변이 발견됐을 때는
이미 많이 진행돼 손 쓸 수 없는 경우가 많아요.
때문에 특별히 아파 보이는 곳이 없더라도
주기적인 건강검진을 받아서 질병을 빨리 발견하고
치료할 수 있어야 해요. 진료 비용이 부담스럽게
느껴질 수 있지만 뒤늦게 질병을 발견했을 때
더 큰 비용이 들 수 있다는 점을 알아야 합니다.
병원비를 위해 월 2~3만원씩이라도
미리 저축하는 것을 추천해요.

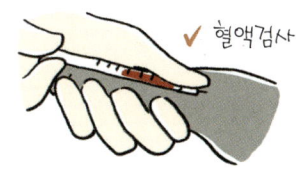
✓ 혈액검사

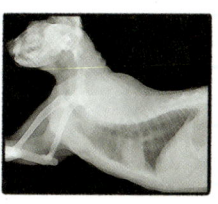
✓ 엑스레이 촬영

✓ 이빨 검사

✓ 초음파 검사

묘종 이야기 23번째

하이랜드 폴드 *Highland Fold*

- 🐾 고　향　스코틀랜드
- 🐾 체　형　세미코비
- 🐾 털 길이　장모
- 🐾 외　모　풍성한 털, 누워있는 귀
- 🐾 성　격　조용하고 침착함. 사람을 잘 따르고 애교가 많음

스코티쉬 폴드처럼 귀가 접혀있으나 장모 고양이입니다. 세미코비답게 동글동글한 얼굴이 무척 귀여워요. 봉봉한 털에 작은 귀가 누워있어 부엉이의 외모와도 꽤 닮았답니다. 스코티쉬 폴드와 친척이므로 관절 질환에 유의해야 해요. 조용하고 온화한 성격이라 화를 잘 내지 않아요. 애교도 많고 사람을 잘 따르는 무척 사랑스러운 냥님입니다.

Part 5
청결한 냥님

01. 고양이 발톱 관리
02. 고양이 털 관리
03. 고양이 목욕
04. 고양이 미용

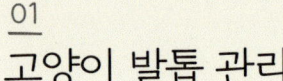

01 고양이 발톱 관리

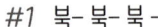

**집안 곳곳에
스크래쳐는 필수!**

고양이가 발톱을 갈면 뭉툭해지는 것으로 잘못 아는 경우가 많지만 반대로 더욱 날카로워진다는 사실! 그래서 스스로 갈지 못하는 뒷발은 발톱이 뭉툭한 편이랍니다. 이 행동은 자신의 무기인 발톱을 스스로 관리하는 것이자 본능에 의한 습성이므로 막을 수 없어요. 가구나 벽을 사수하려면 발톱이 시원하게 갈리는 스크래쳐를 집안 곳곳에 두는 방법이 옳습니다.

#2 발톱 깎기는 쉽지 않아

발톱은 주기적으로 깎아주세요.

고양이의 발톱은 주기적으로 깎아줘야 해요. 발톱이 지나치게 날카로우면 실수로 집사의 몸에 상처를 낼 수도 있고 커튼이나 카펫 등에 발톱이 걸려 아플 수 있거든요. 물론 고양이는 발 만지는 걸 싫어하고 안겨있는 것을 귀찮아해 발톱 깎기가 쉽지는 않아요. 그러니 어릴 때부터 천천히 시작해서 발톱 깎는 일에 익숙해질 수 있게 도와주세요.

#발톱 깎기 #파고드는 발톱

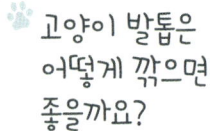
고양이 발톱은 어떻게 깎으면 좋을까요?

A 고양이의 발을 잡고 꾹 누르면 발가락 사이의 발톱이 튀어나와요. 이때 하얀색 발톱 안에 분홍색의 혈관이 보일 거예요. 이 혈관 앞까지만 잘라주세요.

Q 발톱을 처음 깎아줄 때 유의할 점이 있나요?

A 처음에 시도할 땐 강제적인 분위기보다는 자고 있거나 편안한 상태에서 쉬고 있을 때 잘라주세요. 조심한다고 천천히 자르면 더 싫어할 수 있으니 짧고 굵게 한 번에 깎아야 해요. 너무 싫어한다면 바로 멈추는 것이 좋습니다.

Q 냥님이 너무 싫어하던데… 좀 더 쉽게 깎는 방법은 없을까요?

A 고양이에게 발과 발톱은 사냥에 필요한 무기이므로 발 만지는 것을 싫어하는 건 당연합니다. 평소에 발을 자주 만져주어 발을 잡히는 것에 익숙하게 만들어주는 것도 하나의 방법이 될 수 있습니다. 이후 좋아하는 놀이나 간식을 주면 발톱 깎기에 대한 저항성이 줄어들 수도 있어요.

발톱이 발바닥을 파고드는 경우도 있다던데요?

대부분 스크래치를 하면서 스스로 발톱을 갈기 때문에 그런 경우가 많지는 않습니다. 그러나 스크래치를 못 하는 환경이거나 비정상적으로 자라는 발톱이 있으면 발톱이 발바닥을 파고드는 케이스도 생기죠. 평소에 발톱을 잘 관찰해주세요.

안전하게 발톱 자르는 방법 🐾🐾

꾹

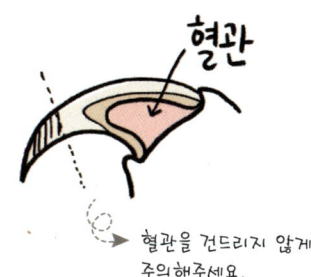
혈관

→ 혈관을 건드리지 않게 주의해주세요.

① 발바닥을 살짝 잡아 누르면 발톱이 튀어나옵니다.
② 튀어나온 발톱을 유심히 보고 분홍색 혈관 부분을 피해 흰색 부분만 자릅니다.
③ 고양이가 너무 싫어할 경우 몇 개씩 나눠 깎아주는 것도 방법입니다.

주의 : 햇빛이 들어오는 밝은 곳에서 자르기

모종 이야기
24번째

오리엔탈 쇼트헤어 *Oriental Shorthair*

- 🐾 고　　향　영국, 미국
- 🐾 체　　형　오리엔탈
- 🐾 털 길이　단모
- 🐾 외　　모　귀가 크고 얼굴이 뾰족함. 몸이 길고 얇으며 짧은 털에는 윤기가 흐름. 털 색과 눈 색이 다양함
- 🐾 성　　격　사냥놀이에 적극적. 사교성이 좋음

생김새가 독특해서 오묘한 매력이 있는 품종입니다. 사지가 길고 날렵한, 전형적인 오리엔탈 체형이에요. 처음 봤을 땐 고양이 같지 않은 외모가 조금 낯설 수 있어요. 털의 색이나 무늬는 300가지 이상으로 매우 다양합니다. 샤프한 외모답게 움직임도 매우 날렵해서 그만큼 노는 것을 좋아하고 장난기도 많아요. 친화력이 좋아 사람과도 금방 친해지고 다른 동물들과도 꽤 잘 지낸답니다.

02
고양이 털 관리

주기적인 빗질로 꽃 미모 유지

처음으로 맞게 된 장모 고양이는 신기한 점이 많았어요. 털이 날리는 형태도 다르고 (털이 많이 빠지는 건 똑같지만) 브러싱에도 좀 더 정성이 필요했어요. 장모든 단모든 빗질은 주기적으로 해주는 게 좋아요. 냥님은 집사의 손길을 좋아하니 함께 힐링 타임을 가질 수 있고 털 날림도 많이 줄어든답니다. 특히 장모는 털 관리를 혼자 하기 버거우니 집사의 도움이 꼭 필요해요.

#2 집사가 된 후 달라진 생활

집사의 숙명
고양이 털 빠짐

"고양이 넷 중에 누가 가장 털이 덜 빠져요?" 하는 질문에는 늘 "전부 다 많이 빠져요."라고 대답해요. 그만큼 고양이는 품종 가릴 것 없이 털이 많이 빠지죠. 청소 방법과 횟수가 달라지고 생활에도 큰 변화가 생겨요. 털이 많이 빠진다며 고양이를 유기하거나 파양하는 사례도 종종 있어요. 절대 그런 일이 없도록 고양이의 털 빠짐을 미리 염두에 두고 입양해야 합니다.

Part 5 청결한 냥님

#장모 고양이 #집사의 브러싱 #털갈이

장모 고양이에게 브러싱은 어떤 의미인가요?

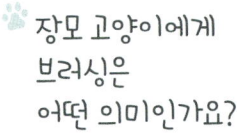

A 단모는 크게 문제 되지 않으나 장모는 털이 엉켜 많은 문제점이 생길 수 있습니다. 일단 피부 속에 공기가 잘 통하지 않아 피부병에 노출되기 쉽고 그루밍도 어려워지지요.

Q 단순히 예뻐 보이려고 브러싱을 시켜주는 게 아니네요!

A 그렇죠. 특히 그루밍을 제대로 할 수 없으면 스트레스 해소가 어려워져요. 그 때문에 예민해지고 공격성이 강해져 집사와의 관계마저 악화될 수 있습니다.

Q 헉. 집사와의 관계까지 위험할 수 있군요…
그럼 브러싱은 얼마나 해주는 게 좋을까요?

A 장모는 하루 1회 이상 빗질을 해주세요. 자고 있거나 편안한 상태에서 자주 브러싱을 해주어 습관화시켜주는 것 잊지 마시고요.

Q 네! 고양이도 털갈이 시기가 있나요?

A 고양이는 주로 봄과 가을에 털갈이를 해요.

Q 털갈이 시기가 있긴 한 건가요…? 우리 집 냥님들은 매일 털이 수북이 빠지던데…

A 네… 사실 집냥이들은 사시사철 털갈이를 하는 수준이죠. 브러싱을 자주 해주면 털 날림을 줄일 수 있을 거예요.

Q 역시 브러싱을 자주 해주는 게 좋겠네요!

털 길이에 따른 빗 종류

✓ 장모와 단모는 털의 형태가 다르므로 빗도 그에 맞는 걸 선택하는 게 좋아요.

단모용 실리콘 빗
장모용 슬리커 빗
장모용 일자 빗
단모용 죽은털 제거 빗

모종 이야기
25번째

버만 Birman

- 🐾 고　　향　미얀마
- 🐾 체　　형　롱앤드섭스텐셜
- 🐾 털 길이　장모
- 🐾 외　　모　풍성한 털, 샴 고양이와 같은 포인트 컬러에 파란 눈
- 🐾 성　　격　놀기 좋아하고 활발함. 낯을 가리지만 주인에게는 상냥함

버마(미얀마의 옛 이름)의 사원에서 승려들과 함께 살며 신성시 여겨졌던 고양이라고 합니다. 그만큼 외모가 고풍스럽고 신비롭죠. 얼핏 보면 히말라얀과 비슷해 보이지만 버만만이 가지고 있는 명확한 특징이 있어요. 바로 흰 장갑을 끼고 있는 듯한 발입니다. 발끝만 흰색이라 금방 구분할 수 있답니다.

03 고양이 목욕

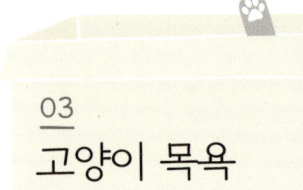

#1 신성한 그루밍

먼지의 그루밍 교실

먼저 앞발이 약간 젖을 때까지 핥는다옹.

고양이는 매일매일 몸을 씻고 있어요.

그 다음 젖은 앞발로 얼굴을 씻고 정돈하지.

대부분 고양이는 물에 젖는 걸 싫어해요. 다행인 점은 **목욕을 굳이 시킬 필요 없는 동물**이라는 것입니다. 매일매일 자신의 몸을 닦고 정돈하고 있기 때문이에요. 그루밍에만 **쓰는 시간이 고양이 생애의 15% 이상**이라고 합니다. 그루밍으로 해결할 수 없는 오염이 생겼을 때만 목욕을 시켜주세요. 몸이 아프거나 나이가 들어 그루밍을 잘 못 하는 고양이 역시 집사의 도움이 필요하겠죠?

몸도 차근차근 정돈하고 꼬리 그루밍으로 마무리한다옹.

쩍벌-

그래서 우린 아주 깨끗하지옹~

나도 그렇게까진 안 씻는데… 엄청난 정성이네.

#2 냥님 목욕, 비장의 무기

장모 고양이는 목욕이 필요해요.

장모 고양이는 털이 길고 풍성해서 혼자 그 많은 털을 그루밍 하기엔 역부족이에요. 속 털까지 그루밍을 다 할 수 없기 때문이죠. 먼지와 이물질도 잘 붙고 오염되기 쉬워서 장모 고양이는 2~3달에 한 번 정도는 목욕을 시켜주는 것이 좋아요.

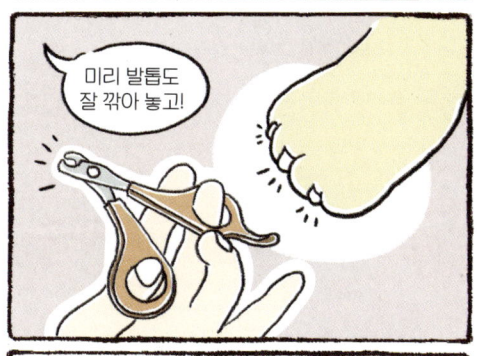

Part 5 청결한 냥님

#목욕 방법 #목욕 대체방법

목욕을
해야 한다면
좀 더 편안하게
할 수 있는
요령이 있을까요?

A 목욕은 샤워기를 이용하는 것보다 세숫대야에 물을 받아서 손이나 발부터 천천히 적셔주며, 물에 서서히 적응시키는 것이 좋아요.

Q 물로 하는 목욕을 대신할 다른 방법은 없을까요?

A 요즘엔 물 없이 목욕시킬 수 있는 티슈나 파우더가 상품화되고 있으니 그런 것을 이용하는 것도 좋은 방법입니다. 하지만 늘 그루밍을 함으로 매일 목욕하고 있는 것과 다름없으니 오염이 심할 때만 이용하세요.

Q 역시 깔끔한 동물이네요. 물을 싫어하지만 않으면 좋을 텐데…

A 대부분의 고양이는 물을 싫어하지만 어릴 때부터 학습이 된 경우라면 물에 스스로 들어가는 고양이도 있답니다.

Q 봉지는 물에서 노는 걸 엄청 좋아하더라고요.

A 오… 굉장히 드문 고양이가 여기 있었네요.

냥님 목욕시키는 방법

① 털을 빗어 엉킨 털은 풀거나 잘라주고 빠진 털을 정리합니다.

② 목욕을 빠르게 끝내기 위해 목욕용품도 완벽하게 준비해 놓도록 합니다.

③ 고양이의 체온에 맞는 38.5도 정도의 물을 준비하고 얼굴에서 먼 곳부터 천천히 적셔줍니다.

④ 얼굴과 귀를 제외한 몸 전체에 비누칠을 꼼꼼히 합니다. 고양이 전용 샴푸를 사용해야 하고, 후각이 예민한 고양이를 위해 무향 샴푸를 추천합니다.

⑤ 거품을 깨끗이 헹구어내고 마른 수건으로 물기를 잘 닦아줍니다. 목욕 후 체온이 급격히 떨어지므로 계속 따뜻하게 체온 유지를 해줘야 하는 것 잊지 마세요.

⑥ 털을 빗겨주면서 드라이 합니다. 털은 바짝 말려주는 것이 좋지만 고양이가 드라이기를 너무 싫어한다면 타올 드라이로 만족해주세요.

묘종 이야기 26번째

발리니즈(발리네즈) *Balinese(Birmanese)*

- 🐾 고　　향　미국
- 🐾 체　　형　오리엔탈
- 🐾 털 길이　장모
- 🐾 외　　모　늘씬하고 기다란 몸매, 샴 고양이처럼 포인트 컬러가 있음
- 🐾 성　　격　굉장히 영리하고 호기심이 많음. 애정표현에 능함

샴 고양이와 터키시 앙고라의 교배로 태어난 품종이에요. 터키시 앙고라의 부드럽고 풍성한 털, 샴 고양이의 호리호리한 몸매와 파란 눈, 포인트 컬러를 그대로 가지고 있지요. 긴 털을 찰랑거리며 걷는 모습이 발리의 댄서 같다고 붙여진 이름이 '발리니즈'입니다. 그만큼 걸음걸이가 아름답고 우아한 냥님이에요.

04
고양이 미용

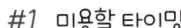
#1 미용할 타이밍

생활에 불편함이 있다면 부분 미용으로!

장모 고양이는 긴 털 때문에 불편함을 종종 겪어요. 엉덩이 털에 똥을 달고 오는 일은 허다하고 그루밍을 하다가 너무 긴 러프가 입에 걸려 켁켁 거리기도 합니다. 이럴 때는 **부분적으로 털을 깎아주어 불편함이 없게 도와주는 게 좋아요.** 단, 먼저 미용기로 실력을 키운 다음 가위 컷에 도전하세요. 미용기보다는 가위가 훨씬 위험합니다.

#2 셀프 미용 도전

고양이 미용은 가급적 무마취로~

풍성한 털 때문에 더위를 힘들어한다면 미용을 시켜주는 것도 나쁘지 않아요. 단, 주로 냥님은 마취 미용을 하는데, 마취는 고양이의 몸에 큰 무리를 주기 때문에 불가피한 수술이 아닌 이상 최대한 피하는 게 좋아요. 하지만 냥님이 너무 예민한 경우에는 미용사와 냥님의 안전을 위해 불가피하게 마취 미용을 해야하는 경우도 있습니다.

Part 5 청결한 냥님

#셀프 미용 주의점 #고양이 염색

Q 셀프 미용 시 주의할 점이 있나요?

A 미용은 냥님에게 스트레스예요. 미용기 소리가 천둥소리처럼 들려 시간이 오래 걸리면 스트레스를 많이 받을 수 있어요. 소음이 작은 미용기를 사용하는 게 좋고 서툴러서 시간이 오래 걸린다면 며칠에 걸려서 나누어 미용하는 것도 좋은 방법이에요. 또한, 미용 후엔 보상을 꼭 해주어야 집사와의 관계가 틀어지지 않으니 잊지 마세요.

Q 하기 싫은거 하고 나면 꼭 달래 드려야 하네요. 하하…

Q 고양이 털 미용 염색해도 괜찮나요?

요즘 반려동물을 위한 염색약이 많이 나오는데, 사용방법을 잘 준수하면 그다지 문제가 되진 않습니다.

고양이 셀프 미용 방법

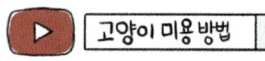
고양이 미용 방법

반드시 동영상 등을 보고 미용 방법을 예습해주세요.
(처음부터 욕심내지 말고, 조금씩 깎으며 실력을 키워나가세요!)

Tip!!
장소와 클리퍼 소리가 중요해요.
클리퍼 날이 뜨거워질 것을 대비해 2개의 날을 준비하여 번갈아 사용하세요.

① 테이블 위에 신문지나 돗자리를 깔고 비닐봉지, 미용기와 충전기, 미용 후 줄 간식 등 준비물을 미리 챙겨둡니다.

② 안전을 위해 고양이에게 넥카라를 씌워주세요.

③ 미용기가 뜨거워지지 않는지 체크하며 면적이 넓은 등부터 좁은 다리 순서로 깎아갑니다.

모종 이야기 27번째

이그저틱(엑조틱) *Exotic*

- 🐾 고　향　미국
- 🐾 체　형　코비
- 🐾 털 길이　중모
- 🐾 외　모　얼굴이 평평하고 둥글함. 코가 아주 낮음. 털이 짧은 페르시안 고양이라고도 불림
- 🐾 성　격　온순하고 사랑스러움. 목소리가 작고 조용함

만화 가필드에 나오는 고양이가 바로 이 그저틱입니다. 페르시안과 아메리칸 쇼트헤어의 교배로 태어난 품종이에요. 페르시안의 귀엽고 개구쟁이 같은 외모와 아메리칸 쇼트헤어의 짧고 부드러운 털 모두를 가졌어요. 털의 길이나 무늬만 다를 뿐 생김새는 페르시안과 매우 흡사하답니다. 독특한 얼굴 표정이 매력적인 냥님이에요.

Part 6
냥님과 쇼핑

01. 장난감, 사냥놀이   02. 스크래쳐, 캣타워   03. 필수용품
04. 안전용품   05. 옷, 유용한 액세서리

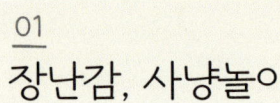

01
장난감, 사냥놀이

#1 장난감은 가까운 곳에

냥님이 좋아하는 장난감 취향

고양이는 어딘가 대롱대롱 매달려 있거나 빠르게 움직이는 것, 긴 끈의 형태를 좋아해요. 눈과 꼬리가 달려 쥐처럼 생긴 것, 깃털이 달려 새처럼 생긴 것도 좋아하죠. 이런 것들이 눈앞에서 휙휙 움직이면 돌연 사냥 모드로 돌변해요! 낚싯대, 어묵 꼬지, 쥐 모형 등 여러 종류의 장난감이 있어요. 비슷하게 생긴 형태라면 직접 만들어줘도 좋아요!

#2 새 장난감 내놔!

냥님의 신상 사냥 본능!

장난감에 관심이 없어 보이는 우리 냥님, 과연 사냥에 흥미를 잃은 걸까요? 그렇지 않습니다. 사냥에 질렸다기보다는 기존 장난감에 질린 것이지요. 매일 같은 냄새가 나는 장난감에 싫증 낼 수도 있으니 새로운 장난감을 내어주는 게 좋아요.

#장난감 종류 #푸드 퍼즐

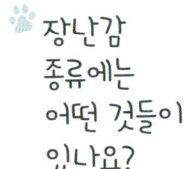
장난감 종류에는 어떤 것들이 있나요?

A 집사와 상호작용하며 놀 수 있는 낚싯대, 막대 등이 있고, 혼자 가지고 놀 수 있는 공, 쥐돌이, 고정된 볼러 등이 있어요. 직접 사료나 간식을 꺼내서 먹는 푸드 퍼즐이라는 것도 있고요. 모두 냥님의 호기심과 사냥 습성을 이용한 장난감입니다.

Q 아, 푸드 퍼즐은 봉지도 쓰고 있어요! 이건 어떤 효과를 가져다주나요?

A 직접 먹이를 꺼내 먹음으로써 이 자체를 놀이 활동으로 인식하지요. 사냥 욕구를 해소해 주기도 하고요. 어린 고양이에게는 인지능력을 높여주고 노령묘는 치매를 예방하는 효과도 얻을 수 있어요. 비만 고양이는 비만을 어느 정도 줄이는 효과도 있죠.

Q 긍정적인 효과들이 있네요. 그런데 먼지는 빨리 포기하는 것 같던데…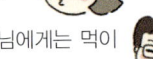

A 먼지같이 푸드 퍼즐을 선호하지 않는 냥님에게는 먹이 활동이 스트레스로 다가올 수도 있어요.

냥님 장난감
made by 집사

✓ 장난감을 꼭 구매하지 않아도 괜찮아요!
집에 굴러다니는 재료들로 얼마든지 장난감을 만들어 줄 수 있답니다.

나무젓가락이나 막대에 끈을 이용해 작은 물체를 매달아 보세요.

피자 상자에 동그란 구멍을 여러 개 내고 안에 간식이나 장난감을 넣어보세요.

휴지 심을 이어 붙이고 안에 간식을 넣어보세요.

묘종 이야기 28번째

데본 렉스 Devon Rex

- 고 향 영국
- 체 형 세미포린
- 털 길이 단모
- 외 모 곱슬곱슬하고 짧은 털, 귀가 크고 머리가 작음, 체형이 가녀림
- 성 격 쾌활하고 활동적, 애교가 많고 사교성이 좋음

라면처럼 꼬불꼬불한 털이 가녀린 몸에 매끈하게 붙어있어요. 이렇게 곱슬곱슬한 덕분에 털 빠짐도 적답니다. 털의 감촉은 매우 부드러워요. 몸집이 작은 데다 털까지 짧아서 한없이 가녀린 모습이기도 해요. 큰 귀와 뾰족한 얼굴 때문에 외계인 고양이라고 불리기도 하고, 사나워 보인다는 누명을 쓰기도 하지만 실제로는 다정한 성격의 소유자입니다.

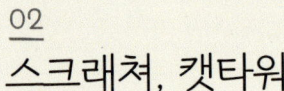

02 스크래쳐, 캣타워

다양한 스크래쳐

가장 보편적인 스크래쳐는 골판지로 만들어진 것이에요. 그 외에도 삼줄, 로프, 원목, 카펫으로 만든 스크래쳐가 있습니다. 스크래쳐는 계속 긁혀 너덜너덜해지기 때문에 주기적으로 교체해 주어야 해요. 그러니 매번 구매하기에 부담 가지 않는 선에서 선택하는 것이 좋겠죠?

#1 본능폭발

#2 너에겐 너무 작은 캣타워

캣타워는 천천히 준비하세요.

몸집이 작은 아기 고양이를 위한다며 조그만 캣타워를 샀다가 먼지의 몸집이 3개월 만에 훌쩍 커버려 낭패를 봤어요. 게다가 아기 고양이는 몸집이 작아서 캣타워를 쓰기엔 조금 버거울 수 있어요. 성장할 때까지 혹은 집에 완벽히 적응할 때까지는 여유를 두고 천천히 구매하길 추천합니다.

#캣타워

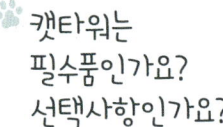

캣타워는
필수품인가요?
선택사항인가요?

🅐 캣타워는 집에서 생활하는 냥님에게 꼭 필요합니다. 시중에 나오는 캣타워에는 스크래처도 있고 해먹, 바구니 등 쉴 수 있는 공간도 있어요. 캣타워 자체가 훌륭한 놀이터가 되고 냥님만의 안정적인 영역이 될 수 있답니다.

🅠 그럼 캣타워만 있다면 집이 좁아도 괜찮을까요?

🅐 집이 좁더라도 캣타워로 수직 운동을 할 수 있고 고양이만의 공간과 영역을 만들어 준다면 괜찮습니다.

다양한 형태의 캣타워

고양이 집사 인구가 늘어나면서 고양이 가구 역시 진화하고 있습니다.
형태, 종류, 소재 또한 매우 다양해졌어요.
고양이가 좋아하는 공간이 될 수 있을지,
우리 집 공간에 적합한지 잘 따져보고 구매합시다.

원목 캣타워 :
원목으로 제작된 캣타워. 튼튼하고 오래 사용할 수 있지만 부피가 큽니다.

패브릭 캣타워 :
패브릭 소재라 사용감이 좋아요.
오염의 우려가 있으니
세탁 가능한 제품이 좋아요.

가구형 캣타워 :
캣타워의 기능을 더한 가구예요. 공간이 협소하다면 좋은 방안이 됩니다.

탈부착식 캣타워 :
특별히 제작된 캣타워를
방문에 단단하게 부착하는 형태입니다.

기둥형 캣타워 :
기둥을 천장과 바닥에
고정하는 형태입니다.
부피를 적게 차지합니다.

묘종 이야기 (29번째)

버미즈 Burmese

- 🐾 고　　향　미얀마
- 🐾 체　　형　코비
- 🐾 털 길이　단모
- 🐾 외　　모　근육질의 탄탄한 몸과 동글동글한 생김새, 털이 짧고 매끈함
- 🐾 성　　격　활발하고 수다스러움, 주인에게 헌신적임

20세기 초 미얀마에서 미국으로 가는 길에 유일하게 살아남은 한 마리의 버미즈가 지금의 버미즈라는 품종이 되었어요. 그만큼 건강하고 질병에도 강한 고양이입니다. 갈색, 밝은 청회색, 크림색 등의 다양한 털색을 갖고 있지요. 눈이 크고 동글동글한 얼굴에 체형까지 동글동글한 느낌이랍니다. 샴 고양이처럼 말이 꽤 많은 편이지만 재잘재잘 수다스러운 모습이 귀여워요.

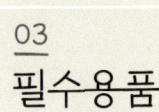

03
필수용품

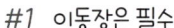
#1 이동장은 필수

이동장은 평소에도 꺼내 놓기!

병원에 갈 때만 이동장을 꺼내기보다는 평소에도 꺼내놓고 익숙한 공간으로 만들어 주세요. 편하게 잠도 자고 간식도 먹는 행복한 공간으로 인식시켜주면 고양이를 이동장에 넣을 때마다 벌어지는 전쟁을 피할 수 있답니다.

#1 외출 시엔 꼭 이동장에!

이동장은 외출 필수품

외국의 주택가는 마당이 넓고 차량이 드물어서 고양이가 비교적 안전하게 돌아다닐 수 있지만 우리나라와 같은 복잡한 도심 속에서는 얘기가 다릅니다. 교통사고의 위험이 아주 높고 전염병에도 쉽게 노출될 수 있기 때문이죠. 고양이와 이동할 때 품에 안고 가거나 하네스(가슴줄)를 착용하는 것은 고양이도 집사도 위험하고 힘든 일입니다. 외출 시에는 이동장에 꼭 넣어주세요.

#이동장 이용 필수 #돌발 상황 #차 안 이동

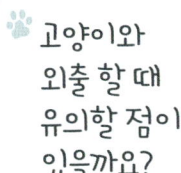
고양이와 외출 할 때 유의할 점이 있을까요?

Q 이동장은 너무 답답할 것 같은데… 꼭 사용해야 하나요?

A 아무리 훈련이 잘된 고양이라 하더라도 이동장 없이 외출하면 위험할 수 있습니다.

Q 어떤 상황이 위험할 수 있다는 건가요?

A 갑자기 안고 있는 품 안에서 뛰쳐나갈 수 있고 낯선 환경 때문에 구석으로 도망가 안 나올 수도 있어요. 갑자기 뛰쳐나간 고양이가 차도로 뛰어들 수도 있고요. 위험천만한 돌발상황이 생길 수 있습니다.

Q 그럼 차 안에서는 꺼내줘도 될까요?

A 차 안이라도 이동장은 필수입니다. 차에 탔을 때 창밖 환경과 엔진 소리 등에 의해 극도로 예민해져요. 고양이가 놀라서 뛰거나 움직이면 사고로 이어질 수도 있습니다.

이동장을 선택할 때 이런 점을 체크해주세요.

✓ **패브릭 소재보다는 플라스틱 소재**
패브릭 소재의 경우, 안 나오려고 발버둥 치다 발톱이 걸려 다치는 경우가 있어요.

✓ **뚜껑이 열리는 형태**
이동장에서 나오기 싫어하는 냥님을 위해 뚜껑만 열어 진료할 수 있어요!

✓ **청소와 관리가 쉬운 소재**
이동장 안에서 배변 실수를 하는 경우도 종종 있어요. 고양이의 오줌 냄새는 일반적인 세탁으로 잘 빠지지 않으므로 세척이 쉬운 소재가 관리에 편합니다.

묘종 이야기 30번째

오시캣 Ocicat

야생고양이인 '오셀롯'과 닮았다는 이유로 오시캣이라는 이름이 만들어졌어요. 치타와 비슷한 무늬 때문에 혹시 야생고양이의 후손은 아닐까 오해할 수도 있지만 집고양이(아비시니안과 샴)의 피만 물려받은 냥님이랍니다. 외형이 날렵한 만큼 사냥에도 능하고 활동적이에요. 또한, 사람을 좋아하고 잘 따라 다정하기까지 하답니다.

- 고향: 프랑스
- 체형: 롱앤드섭스텐셜
- 털 길이: 단모
- 외모: 날렵하고 매끈한 몸매, 은색 또는 황색 털에 치타 무늬 같은 반점. 이마에 M자 무늬
- 성격: 지능이 높고 활발함. 적응력이 뛰어나 낯선 곳에서도 두려워하지 않음

Part 6 냥님과 쇼핑

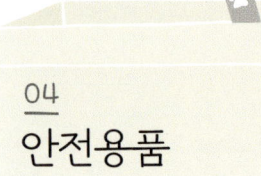

04 안전용품

안전을 위한 기본장치 방묘문, 방묘창

중문이 없는 집이라면 고양이가 문 앞에 오는 것에 늘 조심해야 합니다. 문 앞 공간이 궁금한 고양이가 나가 버리기라도 하면 어떤 일이 벌어질지 모르거든요. 집고양이가 집을 나가면 다시 찾을 수 있는 확률 또한 매우 낮습니다. 방충망은 고양이의 발톱에 찢어질 수도 있어 창문 밖으로 떨어지거나 탈출의 위험이 있어요. 방충망 안쪽에 방묘창을 설치해두면 이런 위험을 줄일 수 있답니다.

#1 방묘문은 기본

#2 요지만 레이스를 착용한 이유

고양이에게도 인식표를!

고양이는 아직 동물 등록제 시행 대상이 아니라서 강아지보다 유실, 유기 시 반환율이 매우 낮다고 해요. 실수로 냥님을 잃어버렸거나 사고가 생겼을 때 **냥님의 이름과 집사 전화번호가 적힌 인식표는 큰 도움이 될 수 있어요.** 냥님의 목에 항상 걸려 있는 것인 만큼 펜던트가 너무 크거나 무겁고 소리가 나는 것을 피해 **착용감이 편하고 가벼운 것**으로 해주세요.

Part 6 냥님과 쇼핑

#냥님 동물등록 #방묘문

고양이는 언제쯤 동물등록을 할 수 있을까요?

A. 2018년 1월 15일부터 고양이 동물등록 시범사업이 시행됐습니다. 아직은 17개의 지자체에서만 시행하고 있어요. 하지만 점차 확대되겠죠? 동물등록을 원한다면 해당 지자체에 문의해보세요.

Q. 강아지 식별장치처럼 외장형, 내장형으로 나뉘나요?

A. 유연하고 날렵한 고양이의 특성상 외장형 식별장치는 분실 또는 훼손될 위험이 높아요. 그래서 내장형 무선식별장치(마이크로칩)만 허용한다고 합니다.

만약... 정말 만에 하나 냥님이 집을 나가면 어쩌죠?

A. 전단을 곳곳에 붙이고 주위에 도움을 요청해야 합니다.

Q. 집의 위치를 기억하고 돌아올 일은… 없…겠죠?

A. 고양이도 우리가 아는 진돗개처럼 집을 잃었다가도 찾아오는 경우가 종종 있지만 아주 드문 경우에요. 그리고 우리가 사는 도시에는 자동차, 도로, 높은 아파트, 공사장 등 위험 요소가 너무 많고 길도 복잡해요. 그러니 역시 예방이 먼저입니다. 먼저 집을 나가지 않게 중성화 수술은 꼭 해줘야 하고, 중문이나 방묘문을 설치하는 게 중요해요.

Q. 역시 예방이 우선이네요!

냥님의 안전을 위한 방묘창 만드는 방법

① 방묘망이 필요한 곳의 사이즈를 잽니다.

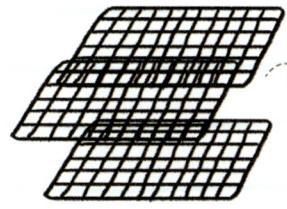

② 사이즈에 맞게 작은 네트망 여러 개를 구매합니다. (다이소 네트망 추천)

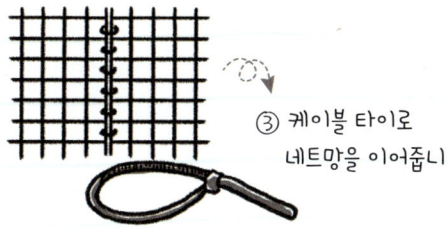

③ 케이블 타이로 네트망을 이어줍니다.

④ 원하는 사이즈로 만들어 창문틀에 맞춰 세우면 끝!

묘종 이야기  31번째

샤트룩스 Chartreux

- 🐾 고　　향 프랑스
- 🐾 체　　형 세미코비
- 🐾 털 길 이 단모
- 🐾 외　　모 러시안블루와 같은 청회색 털, 노란색 눈. 얼굴이 동그랗고 볼이 빵빵함
- 🐾 성　　격 참을성이 뛰어나고 온화함. 사교성이 좋음

청회색 털에 동그란 얼굴. 호박색 눈을 가진 품종입니다. 특유의 웃는 표정 때문에 미소 짓는 고양이라고 불리기도 해요. 청회색의 털이 러시안블루나 브리티시 쇼트헤어와 같아서 혼동되는 경우도 있지만, 생김새는 분명하게 차이 납니다. 초록색 눈의 러시안블루와 달리 호박색 눈을 가지고 있고 얼굴이 훨씬 동그랗고 볼이 통통해요.

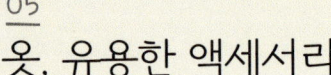

05
옷, 유용한 액세서리

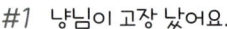
#1 냥님이 고장 났어요.

집사의 과욕

고양이는 꽤 민감한 운동신경을 갖고 있고 털 또한 많은 역할을 하고 있어요. 그런 털을 옷으로 꽁꽁 감싸놓으면 몸이 제 역할을 못 하고 고장(?) 나버린답니다. 드물게 옷 입는 것에 적응하는 고양이도 있긴 하나 고양이의 본능인 그루밍을 막게 되니, 꼭 필요한 경우가 아니라면 옷 쇼핑은 참아주세요.

좀 더 편한 넥카라를!

요지는 플라스틱 넥카라를 유독 불편해했어요. 다리가 짧은 품종의 고양이라 넥카라가 바닥에 질질 끌리고 몸집이 작은 탓에 플라스틱 소재가 좀 버거웠거든요. 다행히 쿠션형 넥카라는 편하게 잘 착용해 주었어요. 플라스틱 넥카라를 불편해한다면 패브릭, 부직포 등 부드러운 소재의 넥카라로 바꿔주는 것도 방법이에요.

#집사의 욕심

옷이 꼭 필요한 때는 언제일까요?

🅐 대부분의 고양이는 옷이 필요 없습니다. 옷을 입히면 얼음이 되기도 하고요. 다만 아픈 고양이의 체온 유지와 상처 보호 시에는 필요할 수 있겠네요.

🅠 아플 때 입는 옷이니 아무 옷이나 입혀선 안 되겠어요.

🅐 환자복이라 생각하면 쉬워요. 타이트한 옷보다는 헐렁한 옷이 움직임에 제한을 주지 않는답니다.

화려한 옷과 액세서리보다는, 꼼꼼한 건강관리를!

멋진 옷과 액세서리는 결국
고양이를 위한 것이 아닐 수 있어요.
꼭 필요한 옷과 액세서리를 제외하고
불필요한 것에 소비하지 않는 것을 권해요.

냥님들은 우리의 인형이 아님을 명심하세요.
쇼핑은 냥님의, 냥님에 의한,
냥님을 위한 쇼핑이 되어야 함을 명심 또 명심하세요.

묘종 이야기 32번째

하바나 브라운 *Havana Brown*

- 고 향 영국
- 체 형 세미포린
- 털 길이 단모
- 외 모 매끄러운 몸매. 짙은 갈색의 털. 초록색의 눈
- 성 격 호기심이 풍부하고 애정이 많음. 사냥놀이를 좋아함

'하바나'라는 지역의 최고급 시가와 색이 비슷해 지어진 이름이 바로 '하바나 브라운'입니다. 검은색 고양이와 샴 고양이의 교배로 태어났어요. 샴의 호리호리한 몸매를 잘 물려받았죠. 검은색에 가까운 갈색 털은 윤기가 흐르고 초록색 눈이 아주 영롱해요. 움직임이 아주 민첩하고 날렵해 한 마리의 작은 맹수를 보는 것 같기도 합니다.

Part 7
길냥이 이야기

01. 길고양이 밥 주기   02. 길고양이 돕기

01 길고양이 밥 주기

길냥이를 배려하며 밥을 주세요.

길냥이의 밥을 챙기는 것은 좋은 의도로 시작하는 일이지만, 엄밀히 말해 **길고양이의 삶에 일방적으로 내가 개입하는 것**이에요. 없던 밥이 생김으로써 주변의 고양이가 모여들어 고양이 간의 싸움이 발생하거나 쓰레기가 생겨 주민이 싫어하는 일도 생길 수 있어요. 길냥이에게 밥을 주는 행위가 내 만족을 위한 것은 아닌지 되짚어보고, **길냥이의 입장은 어떨까 하는 고민이 필요합니다**.

길냥이 밥주기에도 많은 유의사항이 따라요~

#1 캣맘의 조언

이번에 이사 간 동네에 길냥이가 보이더라고요. 밥을 주고 싶은데…

동네 유명한 캣맘

먼저 명심해야 할 건 고양이를 싫어하는 사람도 있다는 거야.
서로 피해가 생기지 않아야 하겠지?

자동 반사 강의모드

밥을 계속 줄 수 있을지도 생각해봐야 해.
네가 이사라도 가면 먹이 찾는 법을 잊은 길냥이는 힘들어질 거야.

길 생활이 익숙한 아이들이니 너무 친해지려 애쓰거나 서운해하지도 마.
사람이랑 잘 지내다간 나쁜 일을 당할 수도 있으니까.

생각보다 유의할 점이 많네요~

#2 민원 발생 시!

주민과의 갈등은 최소화!

이웃 주민 중에는 고양이를 싫어하는 사람도 있을 수 있습니다. 길고양이가 불쌍하지 않으냐는 자신의 마음만을 강조해서는 결코 좋은 상황을 만들어낼 수 없겠지요. 주민과 좋은 관계를 유지하기 위해 노력해야 하고, 책임감을 느끼고 행동하고 있다는 것, 내가 왜 밥을 주고 있는지 등에 관해 설명할 준비가 되어 있어야 합니다. 한국고양이보호협회 홈페이지에 관련된 매뉴얼이 있으니 꼭 한번 참고해 보세요.

Part 7 길냥이 이야기

#길고양이 위한 것

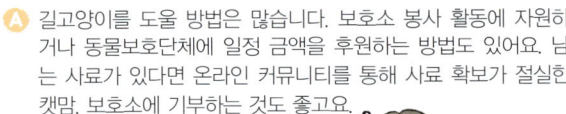

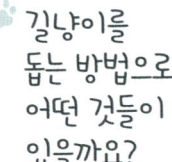
길냥이를 돕는 방법으로 어떤 것들이 있을까요?

A 길고양이를 도울 방법은 많습니다. 보호소 봉사 활동에 자원하거나 동물보호단체에 일정 금액을 후원하는 방법도 있어요. 남는 사료가 있다면 온라인 커뮤니티를 통해 사료 확보가 절실한 캣맘, 보호소에 기부하는 것도 좋고요.

Q 길고양이에게 캔을 줘도 되나요?

A 될 수 있으면 캔은 주지 마세요. 입맛을 까다롭게 하고 치석의 원인이 되거든요. 그리고 길고양이에게 약을 급여할 때 캔을 사용해야 하는데, 캔에 익숙한 고양이는 약 냄새를 금방 알아차려 거부하는 일이 생길 수도 있어요.

Q 길냥이 밥은 언제 주는 게 좋을까요?

A 사람이 다니지 않는 시간이 아무래도 좋아요. 그리고 잊지 말아야 할 것은 물입니다. 길고양이는 의외로 물을 마실 곳이 없어요. 물도 꼭 챙겨주세요.

Q 겨울엔 물이 자꾸 얼어서…

A 물이 얼 때는 꿀이나 설탕을 조금 타주세요.

[내용 참고 : 한국고양이보호협회 FAQ]

길냥이에게 급식 줄 때 유의할 점 🐾🐾

✓ 인적이 없고 눈에 띄지 않는 곳, 비를 맞지 않는 곳이 좋아요.

✓ 밥그릇은 넓찍하고 무거운 것으로 하고 눈에 잘 띄지 않는 색으로 해주세요. (옹기그릇, 뚝배기 추천)

✓ 비닐봉지보다는 그릇을 활용하세요. 쓰레기 불법 투기로 간주될 수 있습니다.

✓ 주위에 비둘기가 많은 구역은 피해주세요.

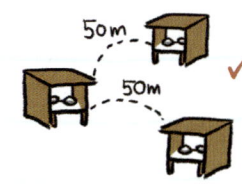
✓ 고양이 마릿수에 따라 50m 이상 간격을 두고 여러 곳에 밥을 나누어 배급하세요.

✓ 고양이 밥을 주고 난 곳은 늘 깨끗하게 치우고 관리해야 합니다.

묘종 이야기 — 33번째

싱가푸라 *Singapura*

- 🐾 고　향　싱가폴
- 🐾 체　형　세미코비
- 🐾 털 길이　단모
- 🐾 외　모　몸집이 가장 작은 품종. 털이 짧고 옅은 황갈색을 띔. 무릎에 짧은 줄무늬가 있음
- 🐾 성　격　얌전하고 점잖은 성격, 주인에 대해 애정이 많음

세상에서 가장 작은 고양이로 알려져 있어요. 성묘가 되어도 2~3kg 정도의 체중을 유지하죠. 싱가포르의 국가 마스코트 고양이로도 유명합니다. 이마의 M자 무늬나 짙은 아이라인, 짧은 황갈색 털 때문에 아비시니안과 헷갈릴 수 있지만 싱가푸라의 털 색이 좀 더 옅고 얼굴이 동글동글합니다. 무엇보다 무릎의 선명한 줄무늬로 싱가푸라를 바로 구분할 수 있어요.

02 길고양이 돕기

길고양이와의 공존을 위한 방법

길고양이 중성화 수술(TNR)은 길냥이와 사람이 공존할 수 있는 가장 최적의 대안이라고 할 수 있어요. 서울시를 비롯한 여러 시, 도에서 지역 사업으로 진행하고 있고, 동물보호단체에서도 이를 적극적으로 돕고 있어요.

#1 길고양이 TNR

#2 길고양이 구조

동물보호단체 도움을 받으세요.

동물보호단체는 길고양이를 위해 많은 활동을 펼치고 있어요. 길고양이 구조와 TNR 지원은 물론, 길고양이 돌봄 교육, 포획 장비 대여 등의 도움을 받을 수 있습니다. 길고양이를 돕고 싶지만, 방법을 모르겠다면 동물보호단체 홈페이지에 꼭 문의해보세요.

Part 7 길냥이 이야기

#길고양이 중성화 수술 #아깽이 구조

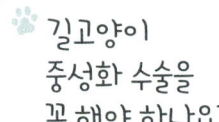

길고양이 중성화 수술을 꼭 해야 하나요?

질병, 굶주림, 추위, 교통사고, 학대, 독살…. 길고양이로서의 삶은 너무나도 힘들고 슬픈 삶이기에, 더 이상 길고양이들이 생겨나지 않게 해야 합니다.
중성화 없이 밥만 주는 것은 불쌍한 고양이 수가 늘어나는 결과를 초래합니다. 길고양이 수가 늘어나면 먹이와 은신처 부족, 끊임없는 발정, 스트레스와 잦은 출산, 전염병 발생, 수컷 고양이들의 싸움 등으로 길고양이들의 복지는 급격히 훼손됩니다. 먹이만 주어 고양이 수를 늘리는 것은 고단한 삶을 이어가는 길고양이들의 수를 늘리는 것이고, 근본적인 동물보호 활동과도 거리가 멀어지는 것이지요.

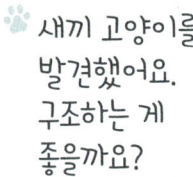

새끼 고양이를 발견했어요. 구조하는 게 좋을까요?

새끼 고양이는 어미의 보살핌이 절대적입니다. 물론 사람의 손길이 필요로 할 때도 있지만 우선은 어미가 돌아올 수도 있으니 기다려주세요. 어미 고양이는 2~5시간 길게는 반나절까지도 먹이활동을 나가기도 합니다. 어미가 나갔다 온 사이 새끼가 없어진다면 큰 상실감을 느낄 것입니다. 섣불리 데려온다거나 만지지 마세요! 하지만 생명을 잃을 위험한 순간에 놓여 도움이 필요한 새끼 고양이는 구조하여 입양을 보내는 것이 최선입니다.

[출처 : 카라 FAQ]

TNR 이용방법

✔ **지자체 신청**
방법 : 다산콜센터 120 또는 시, 군, 구청에 전화로 신청
장점 : 지역 예산으로 진행되어 무료
단점 : 대기가 길 수 있음, 길고양이에 대한 배려가 부족한 사례가 종종 생김

✔ **한국고양이보호협회 신청**
방법 : 고보협 홈페이지 신청
장점 : 원하는 날짜에 예약, 실력 검증된 안전한 TNR 가능, 항생제&입원 지원
단점 : 수컷 1만원, 암컷 3만원 비용 부담 (아주 저렴한 편!)

✔ **개인TNR**
방법 : 인근 동물병원에 데려가 직접 TNR
장점 : 직접 진행해 안심할 수 있음
단점 : 비용에 대한 부담

묘종 이야기 (34번째)

이집션 마우 *Egyptian Mau*

- 🐾 고　　향 이집트
- 🐾 체　　형 세미포린
- 🐾 털 길 이 단모
- 🐾 외　　모 야성적인 점박이 무늬, 날렵한 몸매, 근육이 발달함
- 🐾 성　　격 낯을 가리는 편, 감정 표현에 능함, 애교가 많음

아프리카 야생고양이에서 자연적으로 탄생한 품종입니다. 그만큼 집고양이 중 가장 빠른 달리기 속도를 자랑하기도 하죠. 치타를 닮은 듯 무늬 때문에 야성적인 매력을 뽐냅니다. 이집트 고대 벽화에 있는 점박이 무늬 고양이가 이집션 마우의 조상으로 알려져 있기도 합니다. 약간 신경질적인 면도 있지만, 감정 표현을 잘하고 애교도 곧잘 부려요.

Part 8
노년과 이별

01. 고양이도 늙는다   02. 무지개다리를 건너다

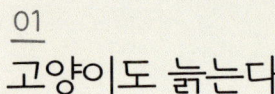

01 고양이도 늙는다

고양이가 늙으면서 찾아오는 변화

영원히 쌩쌩할 것만 같은 나의 냥님도 시간이 지나면 늙습니다. 사람이 늙는 것과 마찬가지로 시력, 청력 등의 신체기능이 점점 쇠퇴하고 만성 질환이 찾아오기도 해요. 잠이 많아지고 그루밍 실력도 예전만 하지 못하죠. 평소에 불편해하는 점은 없는지, 신체에 이상이 없는지 잘 관찰하고 노모가 편하게 지낼 수 있는 환경을 조성해주세요.

고양이 치매
이런 점이 힘들어요.

고양이 치매는 인지장애, 알츠하이머라고도 불려요. 행동이 둔해지고 밥을 자꾸 먹는 등의 증상이 있지만, 노화 증상과 비슷해서 알아차리기 쉽지 않아요. 치매가 의심된다면 병원에 가서 검사를 받아보는 게 좋습니다. 평소에 신체적, 정신적으로 다양한 자극을 주는 것이 중요하다고 해요. 냥님을 너무 가만히 두지 말고 많이 움직일 수 있게 도와주세요.

#고양이 수명 #안락사 해외 사례

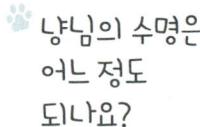

냥님의 수명은 어느 정도 되나요?

A 고양이도 강아지와 비슷한 수명을 갖고 있어요. 예전에 비해 고양이 건강관리가 잘 이루어지고 있어 20년을 넘게 사는 냥님들도 종종 만날 수 있어요.

Q 그렇다면 몇 살부터 노묘라 볼 수 있나요?

A 7살이 되면 사람 나이로 40대가 됩니다. 사람도 40대부터는 건강관리에 힘써야 하잖아요. 냥님도 7~8세부터는 노령묘로보고 정기적인 검사와 관리를 해주어야 합니다.

반려묘 안락사 해외 사례를 말씀해주세요.

우리보다 반려묘 문화가 일찍 자리 잡힌 해외는 아주 많이 늙은 노묘나 심한 병을 앓고 있는 경우 안락사를 진행하기도 해요. 안락사가 정해지면 온 가족이 함께 모여 즐거웠던 추억을 공유하고, 조촐한 파티 등을 통해 마지막 행복한 시간을 보내고 수의사의 집도 아래 안락사를 진행해요. 하지만 안락사는 하나의 방법일 뿐이며 수의사와 충분한 상의를 하고 반려묘의 상태를 지켜보며 결정해야 합니다.

노묘를 위한 생활 환경 만들기

✓ 캣타워는 치워주세요.
(높은 곳에서 내려오다 관절이 크게 다칠 수 있으니 바닥 생활을 유도)

✓ 소파, 침대 등 높은 곳에 간이 계단을 만들어주세요.

✓ 바닥에서 사냥 운동을 자주 시켜 기초대사가 급격히 떨어지지 않게 도와주세요.

✓ 사료는 시니어용으로 바꾸어 섭취 열량을 조절해야 합니다.

✓ 기록하는 습관을 들이세요.
(주 1회 체온, 몸무게, 식욕 여부, 운동시간, 대소변 상태 등)
건강에 이상이 생겼을 때 수의사에게 보여주면 진찰에 큰 도움이 됩니다.

묘종 이야기 — 35번째

통키니즈 *Tonkinese*

- 🐾 고   향 캐나다
- 🐾 체   형 포린
- 🐾 털 길이 단모
- 🐾 외   모 샴과 같은 포인트 컬러, 오묘한 색깔의 푸른 눈, 부드러운 몸매
- 🐾 성   격 다정하고 활발하며 사교적임

샴과 버미즈의 교배로 태어난 품종으로 각각의 장점을 잘 갖고 있어요. 털이 짧지만 비단결처럼 부드럽고 포인트 컬러는 다양합니다. 털색은 샴을 닮고, 몸통과 얼굴형은 버미즈를 닮아 동글동글 귀여운 외모를 갖고 있어요. 다정하고 사교성이 좋아 초보 집사가 기르기에도 적합한 냥이랍니다.

02 무지개다리를 건너다

반려묘 화장과 장례식장 알아두기

마음의 준비를 한다고 해도 막상 이별이 닥치면 슬픔을 감당하기 힘듭니다. 이별은 예고 없이 오곤 하니까요. 이를 대비해 미리 집과 가까운 반려동물 화장터, 장례에 관해 결정해 두는 것을 추천합니다.

그래요, 죽음은 자연스러운 거니까요.

#2 애도 의식의 필요성

각자의 방식으로
충분히 애도하세요.

반려동물을 잃는 것은 가족을 잃는 것과 다르지 않아요. 슬픔, 후회, 미안함을 충분히 표현하고 애도에 집중하세요. 나만의 방식으로 애도하고, 의식을 가지고, 애도 기간을 가질 필요가 있습니다. 애도 과정을 잘 넘기지 못하면 심리적 문제가 생기는 등 큰 상처로 남을 수 있으니까요. 그럼 고양이도 편히 떠나지 못할 거예요. 충분히 애도하고 내 고양이를 잘 보내주세요.

Part 8 노년과 이별

#호스피스 케어

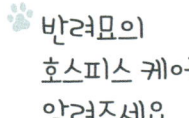
반려묘의
호스피스 케어
알려주세요.

사람과 같아요. 살아가는 데는 삶의 질이 중요한 건 고양이도 마찬가지예요. 최대한 사는 동안 통증 케어와 환경 케어를 해주는 겁니다.

집에서
할 수 있는
호스피스 케어를
알려주세요.

① 처방받은 약 먹이기
② 충분한 산소 공급
③ 영양식 제공
④ 탈수 예방을 위한 수분공급
⑤ 배변 활동을 잘 하고 있는지 확인
⑥ 미끄러지지 않도록 바닥에 매트 깔기
⑦ 실내 온도 조절과 반려묘 체온 확인
⑧ 귀나 몸을 살살 만져주며 마사지해주기 등이 있습니다.

반려동물 떠나보내기

반려동물의 장례가 진행된 후 화장을 합니다.
유골함을 제작해 납골당에 안치하거나
유골 일부로 반려석을 제작해 평생 간직할 수도 있어요.
화분 흙에 유골을 함께 넣어 식물을 심는 화분장,
강이나 산, 잔디 등의 자연에 유골을 뿌리는
자연장 방법도 있어요.

펫로스 증후군은 사람만 겪는 것이 아니랍니다.
동물 역시 함께 살던 동물의 빈 자리를 느끼고
무기력함, 우울감에 빠지곤 합니다.
남겨진 고양이가 있다면
이들에게 애정을 가지고 더욱 많은 시간을 함께 보내주세요.

모종 이야기 36번째

스노우슈 Snowshoe

- 고 향 미국
- 체 형 세미포린
- 털 길이 단모
- 외 모 가면을 쓴 듯한 얼굴 무늬, 발의 털이 하얀색
- 성 격 수다스럽고 애교가 많음, 활발하고 호기심이 풍부

흰 눈으로 만든 신발을 신은 듯 발만 하얀색 털을 갖고 있어요. 그래서 이름도 '스노우슈'라고 지어졌답니다. 쾌걸 조로의 가면을 쓴 듯한 얼굴 무늬가 너구리를 연상케 합니다. 전체적으로 연한 크림색을 띠지만 귀, 얼굴, 꼬리에는 진한색 포인트가 있어요. 파란 눈과 핑크색 코가 더욱 인형같은 느낌을 주어 사랑스러운 냥님이랍니다.

동양북- 집사들이 모시는 냥님들

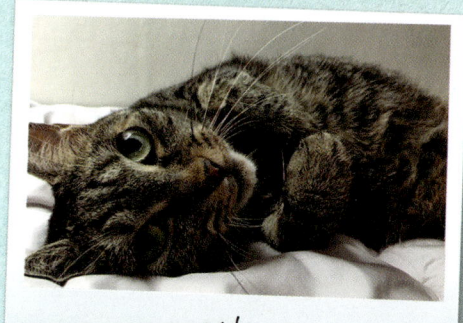

진희

냥님 나이 : 12살 모신 연수 : 12년
특기 : 고독을 사랑하고, 사색을 즐기는 진정한 고양이다운 고양이!

슬기

달래

냥님 나이 : 추정 불가능 모신 연수 : 9년
특기 : 엣지를 좋아하는 그녀는 신비로운 다슬기 색깔의 눈과 요염한 자태가 매력적임

냥님 나이 : 15년 이상으로 추정 모신 연수 : 14년
특기 : 동안 외모에 성격은 쪼매 까칠! 집사가 맘에 안 들 때 눈을 바라보면서 스프레이 응징을 ㅠ_ㅠ

보보

냥님 나이 : 9살 모신 연수 : 9년
특기 : 컵에 든 물 뺏어 마시기, 아침 저녁으로 집사를 반겨주는 사랑둥이

완소남

냥님 나이 : 8살
모신 연수 : 8년
특기 : 집사와 같이 동침하기, 밥 달라고 아침에 깨우는 애교쟁이 냥님

프란치스코

루비

냥님 나이 : 7살 정도로 추정
모신 연수 : 5년
특기 : 눈을 다쳐 치료를 위해 구조 후 임보하였으나 집에 눌러앉은 변덕 좋은 냥님

냥님 나이 : 추정 불가능 모신 연수 : 9년
특기 : 입만 열면 사이렌 소리, 웬만하면 노터치가 정답인 냥이

아리

냥님 나이 : 3살 모신 연수 : 3년
특기 : 국밥집에 쥐잡이용 고양이로 새끼 때 잡혀 있는 것을 동물단체에 신고해서 구조된 냥이, 성격은 강아지보다 더 강아지 같은 개냥이

memo.

memo.

[+ photo]

반려묘

이름 Name ....
생년월일 D.O.B ....
성별 Sex ....
색 Color ....
품종 Breed ....
등록번호 ....

반려인

이름 Name ....
주소 Address ....
전화 Phone ....

고양이 집사 다이어리

글·그림 **김혜주** 작가
자문·감수 **차진원** 수의사

Contents

Part 1.
냥님 라이프 이해하기

- 🐾 냥님 몸무게 관리 ·················· 8
- 🐾 냥님의 일생 ························ 10
- 🐾 냥님 성장기에 따른 Check List ······ 12
- 🐾 냥님 약물 투여 방법 ··············· 15

Part 2.
냥님 건강수첩

- 🐾 이럴 때는 빨리 진찰받으세요! ······· 18
- 🐾 냥님 기본 관리 프로그램 ············ 21
- 🐾 냥님 예방접종 프로그램 ············· 47

반려묘와의 모든 시간을 놓치고 싶지 않은
집사를 위한 다이어리

Part 3. 집사 일기장

- 스페셜데이 다이어리 ······· 70
- 데일리 다이어리 ······· 88

Part 4. 집사 가계부

- 냥님을 위한 적금 ······· 100
- 집사의 월별 지출 ······· 102
- 집사의 일별 지출 ······· 104

부록 냥님 스티커

Yearly Planner

1 January	2 February	3 March	4 April	5 May	6 June

7 July	8 August	9 September	10 October	11 November	12 December

Yearly Planner

1 January	2 February	3 March	4 April	5 May	6 June

7 July	8 August	9 September	10 October	11 November	12 December

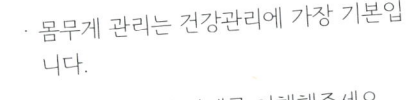

- 몸무게 관리는 건강관리에 가장 기본입니다.
- 고양이의 성장 단계를 이해해주세요.
- 고양이 성장 시기에 맞게 관리해주세요.

Part 1.
냥님 라이프 이해하기

- ☑ 냥님 몸무게 관리
- ☑ 냥님의 일생
- ☑ 냥님 성장기에 따른 Check List

냥님
몸무게 관리

정기적으로 몸무게를 기록하세요.
체중 변화는 발육 & 건강상태를 알 수 있는 중요한 단서입니다.

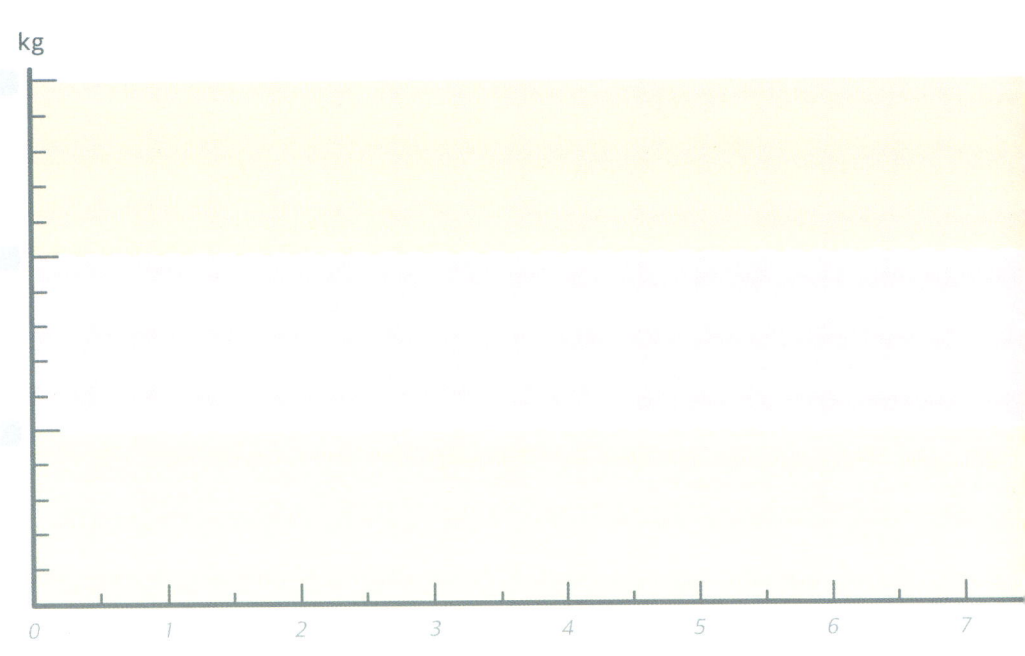

Date	Weight	Date	Weight	Date	Weight	Date	Weight
.		.		.		.	
.		.		.		.	
.		.		.		.	
.		.		.		.	
.		.		.		.	

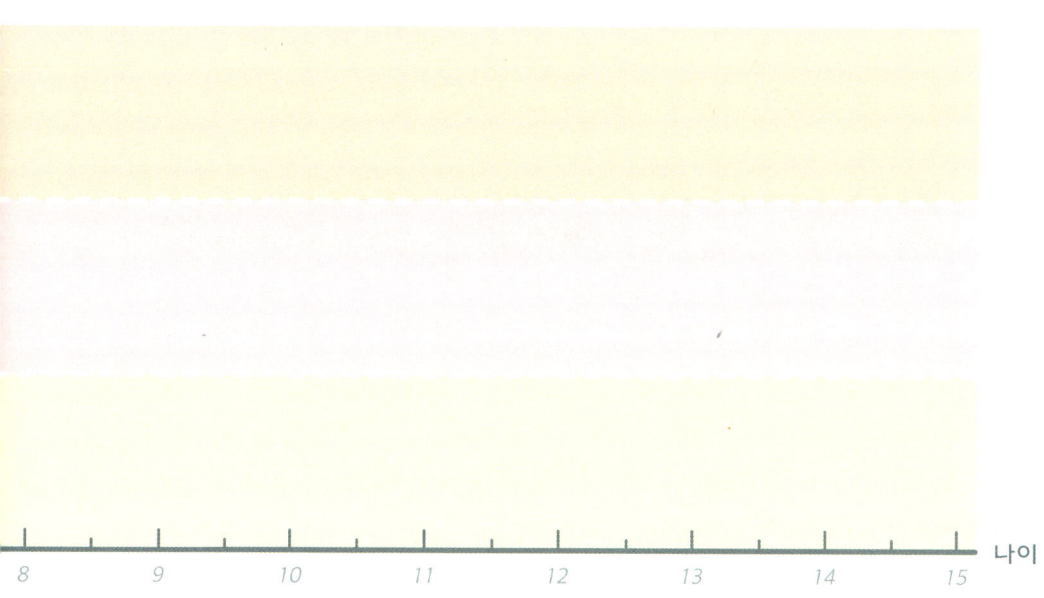

| 8 | 9 | 10 | 11 | 12 | 13 | 14 | 15 | 나이 |

Date	Weight	Date	Weight	Date	Weight	Date	Weight
.	.	.	.	.	.	.	.
.	.	.	.	.	.	.	.
.	.	.	.	.	.	.	.
.	.	.	.	.	.	.	.
.	.	.	.	.	.	.	.

냥님의 일생

[나이 대조표]

집냥이 나이	3	6	9	11	13	15	20	24	28
길냥이 나이	3	6	9	11	13	15	20	24	32
사람 나이	2개월	4개월	6개월	8개월	10개월	1년	1년 6개월	2년	3년

※ 묘종과 자라는 환경 등에 의해 개체차가 크게 다를 수 있습니다.

● 신생아기 (출생~2주)
볼 수도, 들을 수도, 걸을 수도 없고 오직 먹고 자는 것만을 반복하는 시기로, 후각만 살아있는 상태입니다. 갓 태어난 새끼 고양이의 무게는 110g 정도로 매우 작습니다.

● 이행기 (2주~3주)
눈을 뜨는 것을 시작으로 점점 감각기관들이 발달하여 빛이나 움직임에 반응하고 청력도 발달하기 시작합니다. 근육이 많이 발달하진 않았지만 움직임이 이전보다 활발해져 뒤뚱거리며 걷기 시작합니다. 사회화를 배울 수 있는 시기로 형제자매와 어울리며 의사소통을 배우기 시작합니다.

● 사회화기 (4주~12주)
사회화 과정에서 가장 중요한 시기로, 외부의 새로운 자극을 많이 경험해야 합니다. 거부감 없이 긍정적으로 사물을 받아들이며 학습을 하는 최적의 시기이므로 이때 진공청소기나 드라이기, 천둥 번개와 같은 소리를 경험하게 한다면 성묘가 되었을 때 두려워하지 않을 수 있습니다. 따라서 보호자는 많은 환경(도시 환경)을 접할 수 있도록 도와주어야 합니다.
또한, 어미 고양이에게 배변 훈련과 그루밍, 사냥 기술을 배우는 시기이기도 합니다. 생후 10주 차 이후부터는 어미의 곁을 떠나 입양도 가능합니다.

출처 : 한국동물병원협회

32	36	40	44	48	52	56	60	64	68	72	
40	48	56	64	72	80	88	96	104	112	120	
4년	5년	6년	7년	8년	9년	10년	11년	12년	13년	14년	15년

● 청소년기(13주~6개월)

눈앞에 보이는 수많은 물건에 호기심을 보이며 장난기 가득한 시기입니다. 눈 색깔이 변하고 이갈이가 시작됩니다. 2차 사회화에 중요한 시기이므로 고양이가 평생 만날 수 있을 것이라 여겨지는(여러 형태의 바닥 재질, 어린이, 낯선 사람, 다른 고양이, 여러 섬유 촉감, 선글라스, 청소기, 가전제품, 전화벨 소리, 드라이기, 비, 천둥 등) 여러 가지 자극에 지속해서 노출해야 합니다.

● 이후

7개월 이후에는 수의사와 상담 후 중성화 수술을 할 수 있습니다. 생후 1년이 되면 골격이 튼튼하게 자리 잡고 성장도 거의 끝납니다. (대형묘의 경우 4년까지 성장하는 경우도 있음) 청소년기라 활동량이 왕성하고 호기심이 많은 시기이니 놀이 활동을 적극적으로 도와주어야합니다. 매년 고양이의 상태와 건강을 체크하면서 집사와의 행복한 삶을 이어갈 수 있도록 해주세요.

냥님 성장기에 따른 Check List

가족의 일원인 냥님과 건강하고 행복하게 지내기 위해 다음과 같은 몇 가지 수칙을 지켜주세요.

1. 냥님에 대한 정확한 이해를 위해 알아가길 힘씁니다.
2. 냥님의 습성이나 심리에 대한 공부를 게을리하지 않습니다.
3. 냥님을 위한 깨끗한 주변 환경을 제공합니다.

☑ **냥님 나이에 따른 집사의 할 일**

● **3주~6주**
- 사회화를 배울 수 있는 시기이므로 조금씩 접촉을 시도하면 사람과도 익숙해집니다. 손길은 조심스럽고 부드럽게 만져주어야 하며 잦은 스킨십은 금물입니다.
- 어미에게 배변 방법을 배우기 시작하므로 고양이용 화장실을 비치합니다. 출입이 쉽고 턱이 낮은 평판형으로 준비해주세요.
- 생후 5주 정도가 되면 유치가 완전히 자라므로 어미가 젖 먹이기를 거부합니다. 따라서 자묘용 사료를 물에 불려 이유식 급여를 시작하세요.

● **7~10주**
- 젖을 완전히 떼고 자묘용 사료를 먹을 수 있습니다. 적정 급여량을 잘 지켜 급여하세요.
- 어미에게 사냥 기술을 배우므로 사람과 사냥놀이도 가능합니다.
- 기초 예방접종을 시작합니다. (생후 8주령부터)
- 생후 70일 경이면 어미에게서 떨어져도 되는 시기입니다. 너무 이르면 생존이 위험하고 늦으면 새로운 환경에서 적응에 문제가 생길 수 있습니다.

4. 냥님의 건강을 위한 영양학적이고 안전한 먹거리를 제공합니다.
5. 더불어 살아가기 위한 사회화 교육도 잊지 않습니다.
6. 병원 방문이 힘들지 않도록 어릴 때부터 이동장에 적응할 수 있게 도와줍니다.

11주~15주

- 발톱 깎기, 양치질, 브러싱 등의 기본 관리에 익숙해질 수 있도록 훈련합니다.
- 생후 90일경이 가장 입양하기에 이상적인 시기입니다.
- 새로운 환경에 적응하는 약 1주일 동안은 목욕 등의 스트레스 상황을 만들지 않습니다.
- 입양 후 건강상태를 파악하기 위해 건강검진을 받습니다.

4개월~8개월

- 성격 형성에 중요한 시기이므로 병원 방문, 손님과 만남 등 다양한 경험을 시켜주세요. 고양이가 싫어하는 대부분의 일을 이때 잘 적응시키면 성묘가 되어서도 힘들어하지 않고 잘 대처합니다.
- 장난감으로 자주 놀아주면서 집사와의 유대감을 쌓아주세요.
- 유치가 빠지고 영구치가 나오는 시기입니다. 이전에는 유치 상태에서 양치질하며 연습 단계를 거친 것이고, 이젠 실전입니다.
- 6개월 전후로 성 성숙이 이루어지는 시기입니다. 7개월 이후에는 중성화 수술에 대해 전문 수의사와 상담해주세요.

냥님 성장기에 따른 Check List

- **1살**
  - 몸의 성장이 거의 끝나 성묘가 됩니다.(대형묘의 경우 4년까지 성장하는 경우도 있음) 사료는 성묘용으로 바꿔 주세요.
  - 호기심 충만한 냥님을 위해 놀이 활동도 게을리 하지 말아야 합니다.
  - 실내에서 생활하는 고양이는 운동량이 많지 않으므로 살찌기 쉽습니다. 비만 냥이가 되지 않도록 사료 급여량에도 신경 써주세요.
  - 나중에 나이가 들어 냥님이 크게 아플 때 병원비가 부담될 수 있습니다. 이때를 대비해 정기적인 저축을 시작해도 좋습니다.

- **2~6살**
  - 냥님의 청춘 시기입니다. 활동 능력이 가장 좋은 시기이며 충분한 운동이 필요합니다.
  - 어릴 때 예방접종으로 발생한 항체가 여전히 정상적인 활동을 하고 있는지 항체 검사를 합니다.
  - 물을 잘 마실 수 있게 신경 씁니다.
  - 집에서 할 수 있는 자가 체크를 하면서 건강상태를 늘 점검하세요.
  - 정기적으로 건강검진을 합니다.

- **7~10살**
  - 노후가 시작되는 시기로 노후에 따른 질환을 예방하고 관리하기 위해 정기적인 종합검진이 필요합니다.
  - 신부전, 관절염, 소화기 질환, 치주질환 등의 질병이 자주 나타나는 시기입니다. 질병의 징후를 미리 알아둡니다.
  - 연 2회 혈액검사를 합니다.
  - 시니어 사료로 바꾸어 줍니다. (묘종과 건강에 따라 조절)

- **10살 이후**
  - 어렸을 때 어떻게 관리해 주었느냐에 따라 냥님의 노후가 결정됩니다. 사람 음식을 먹이고, 상호 놀이 활동에 소홀하며, 주기적인 건강검진을 소홀히 했다면 반려묘의 노후가 힘들어 질 수 있다는 걸 명심해주세요.
    - 지속적인 건강검진이 이루어져야 합니다.
    - 노묘가 생활하기 편안한 환경을 만들어주세요.(높은 곳은 계단 설치, 화장실 문턱 확인 등)

집사가 알아두어야 할
냥님 약물 투여 방법

알약

1. 콧등 부분을 잡고 머리를 살짝 뒤로 젖힌다.
2. 엄지와 검지로 입을 벌린다.
3. 최대한 입속 안쪽에 알약을 집어넣는다.
4. 입을 다물게 하고 코끝을 위로 들게 한 후 몇 초 동안 잡고 기다린다.
   이 때 코에 바람을 살짝 불어 놀라게 하면 삼키는 데 도움이 된다.
5. 알약을 삼키는 것이 확인되면 잡았던 손을 놓아준다.

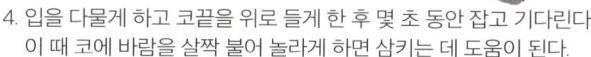

물약

1. 코를 살짝 위로 들게 하여 고정하고 입을 벌린다.
2. 물약을 스포이트 또는 주사기에 넣어 냥님 입안 상악 송곳니와 작은 어금니 사이에 주입한다.
3. 약을 넣은 후 입을 다물게 하고 약을 삼킬 때까지 목을 문질러 준다.

가루약

1. 냥님이 평소 좋아하는 간식을 준비한다.
2. 가루약을 간식 안에 집어넣어 은폐시킨다.
3. 가루약을 넣은 간식을 입 깊숙이 넣은 후 입을 다물게 하고 잠시 동안 기다린다.
4. 혹은 좋아하는 주식 캔에 섞어서 줄 수도 있으나 약 냄새를 맡고 먹지 않을 수도 있다.

> **Tip** 물약처럼 물이나 꿀물에 가루약을 풀어 스포이트 또는 주사기에 넣어 주입한다.

안약

1. 한쪽 손으로 코끝을 들어 올리고 냥님이 약을 보지 못하게 숨겨서 접근한다.
2. 약 케이스 끝이 각막에 닿지 않도록 조심하며 한 방울만 점안한다.
3. 2~3가지 종류의 안약을 같이 점안해야 할 경우 눈 안에 공간이 작은 냥님을 위해 5분 간격으로 시차를 두고 점안한다.
4. 엄지와 검지로 눈꺼풀을 1~2회 열었다 닫았다 반복해준다.

- 나의 반려묘는 말을 하지 못합니다. 아파도 표현하지 않습니다.
- 집사가 관심으로 관찰하고 확인하지 않는 것은 직무유기입니다.
- 집사의 직무유기로 소중한 반려묘의 치료 시기를 놓칠 수 있습니다.

Part 2.
냥님 건강수첩

- ☑ 이럴 때는 빨리 진찰받으세요!
- ☑ 냥님 기본 관리 프로그램
- ☑ 냥님 예방접종 프로그램

이럴 때는 빨리 진찰받으세요!

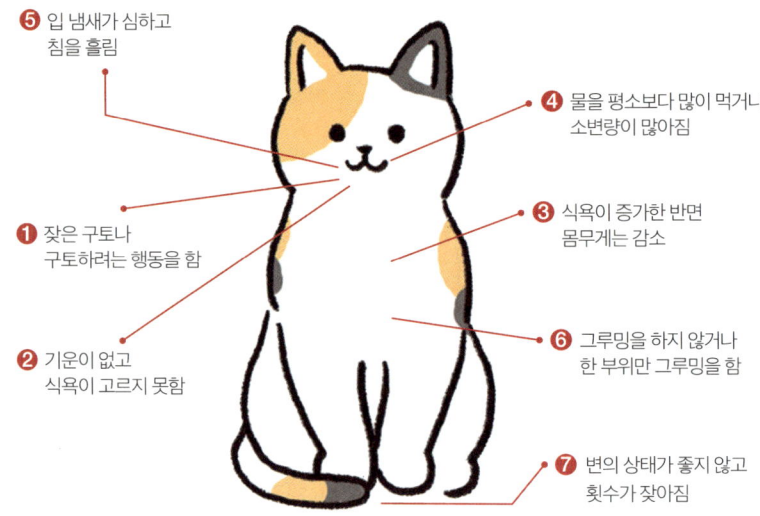

❶ 잦은 구토나 구토하려는 행동을 함
❷ 기운이 없고 식욕이 고르지 못함
❸ 식욕이 증가한 반면 몸무게는 감소
❹ 물을 평소보다 많이 먹거나 소변량이 많아짐
❺ 입 냄새가 심하고 침을 흘림
❻ 그루밍을 하지 않거나 한 부위만 그루밍을 함
❼ 변의 상태가 좋지 않고 횟수가 잦아짐

❶ 헤어볼, 과식, 소화기 질환 등 구토의 원인은 매우 다양합니다. 한 달에 한두 번쯤 가벼운 구토는 할 수도 있지만 너무 잦아질 경우 바로 검사가 필요합니다.

❷ 평소 좋아하는 간식을 줘도 잘 먹지 않거나, 갑자기 기운이 없는 경우에는 꼭 검사가 필요합니다. 특히 오랫동안 조용한 구석에 숨어 나오지 않는다면 병원에 꼭 문의하세요.

❸ 사료를 평소보다 많이 먹거나 집착하는 경우, 그런데도 살이 찌지 않고 몸무게가 빠진다면 갑상선 기능 항진증이 의심될 수 있으니 검사가 필요합니다.

❹ 이러한 증상은 신장병이나 당뇨병을 앓을 경우 흔히 나타나는 증상입니다. 반대로 소변량이 너무 적거나 소변을 제대로 보지 못한다면 방광염, 요도염을 의심할 수 있습니다.

❺ 건강한 잇몸은 분홍색을 띱니다. 잇몸이 빨갛고 피가 나거나 검은빛을 띤다면 치아 흡수성 병변 또는 치은염 등이 생겼을 수 있으니 빠른 시일 내에 진료를 받습니다.

❻ 몸에 불편한 곳이 있다면 그루밍을 잘 하지 않습니다. 반대로 과도한 그루밍은 불안증 등의 원인일 수 있고 확장성 탈모로 진행될 수 있습니다.

❼ 설사의 원인은 스트레스, 갑자기 바뀐 사료, 생식과 사료의 동시 급여 등으로 다양합니다. 설사가 지속해서 이어진다면 병원에 문의합니다. 혈변을 보거나 구토와 설사가 함께 진행되면 변의 사진을 찍은 후 빠른 시일 내에 진료 받으세요.

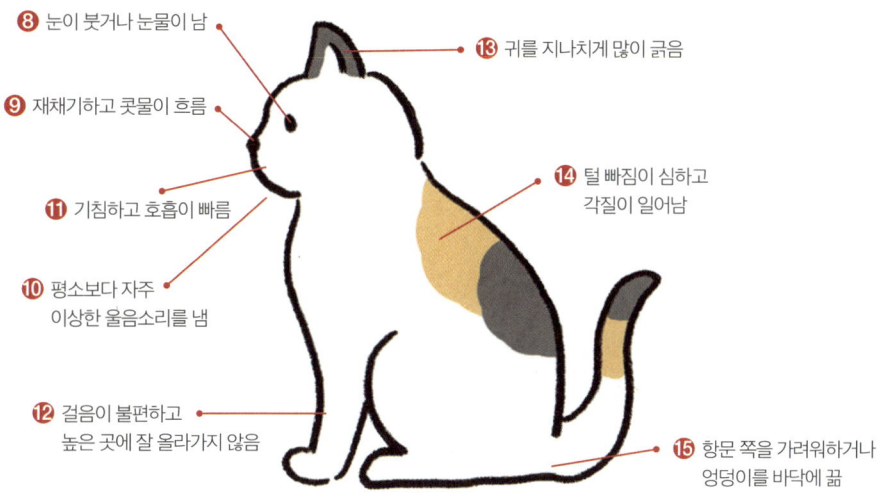

❽ 눈이 붓거나 눈물이 나는 것은 상부 호흡기 질환의 증상 중 하나입니다. 방치하면 결막염으로 이어질 수 있으니 반드시 상담을 받아보세요.

❾ 재채기를 하거나 콧물이 흐르는 것은 상부 호흡기 질환의 증상일 수 있습니다.

❿ 스트레스 상황이거나 심각하게 불편한 곳이 있으면 울음소리를 낼 수 있습니다. 또는 갑상선 기능 항진증을 의심할 수 있으니 검사가 필요합니다.

⓫ 가슴(흉부) 쪽에서 힘을 주어 '컥컥'하는 기침을 자주 한다면 이상이 있는 것입니다. (재채기와는 다름) 기침이 이어지고 불편한 호흡을 동반할 경우 천식, 폐렴, 심장사상충 감염 등을 의심할 수 있으니 반드시 검사를 받습니다.

⓬ 보이지 않는 곳에 다쳤거나 관절이 불편할 확률이 높습니다.

⓭ 귀를 너무 가려워하거나 귀의 한 부위만 집중적으로 긁는다면 중이염, 내이염, 귀 진드기 감염증 등을 의심할 수 있습니다.

⓮ 스트레스를 받으면 털 빠짐이 심해지기도 합니다. 각질이 많이 일어난다면 피부병이나 염증이 생긴 것일 수 있으니 병원에 문의합니다.

⓯ 주로 항문낭이 찼을 때 바닥에 엉덩이를 스키 타듯 끌고 다니는데, 항문낭을 짜주고도 계속 끌고 다닌다면 다른 이상일 수 있으니 병원에서 진찰을 받으세요.

냥님 기본 관리 프로그램

반려묘와 함께 할 때 이것만은 지켜주세요!

1. 지나친 관심과 지나친 무관심은 반려묘의 몸과 마음을 아프게 할 수 있습니다.
2. 귀 청소 시 절대 면봉으로 파지 마세요.
3. 장모와 단모에 맞는 브러시를 사용하세요.
4. 귀엽다고 자꾸 안거나 만지지 마세요. 냥님의 감정을 존중해주세요.
5. 미용이 필요하다면 반려묘의 생활 환경에 가장 적합한 디자인으로 해주세요.
6. 너무 많이 먹거나 너무 적게 먹지 않도록 식사를 점검해주세요.

관리	관리 횟수	관리 방법
양치	1일 1회 (최소 주 1회)	효과 : 입 냄새 제거 및 치석 예방 전용 치약과 칫솔 사용
귀 청소	귀 상태에 따라 주 1회 또는 월 1회	효과 : 외이염 방지 귀 세정제를 넣고 손으로 조물거린 후 탈지면으로 세정제 수분 닦아주기
목욕	단모 굳이 필요하지 않음. 오염이 심하거나 피부병으로 인해 약용 샴푸를 사용해야 할 경우 장모 털 관리를 위해 2~3개월에 1회	효과 : 피부 관리 및 청결 유지, 피부병 예방 전용 샴푸 및 린스 사용 피부병 있을 시 약용샴푸 사용
브러싱	단모 주 1회 장모 일 1회 이상	효과 : 털 빠짐 최소화, 엉킴 방지 5~10분 이상 부드럽게 빗질
미용	주로 여름에 1회 (긴 털로 인해 생활이 불편한 냥님만 해당)	효과 : 털 엉킴 방지, 체온 조절 펫샵에 의뢰 (묘종에 따라 가격 상이) 셀프미용 시 가위보다는 미용기 사용
화장실 모래 갈이	모래 종류와 상태, 마릿수에 따라 주 1회 또는 월 1회	사용한 모래 전체를 버리고 화장실을 깨끗이 씻은 후 새 모래 사용
먹거리	사료 구입 시 기입 간식 구입 시 기입	평소 식사량을 확인하고 체중 관리하기

냥님의 양치 날짜를 기록해주세요!

· 관리 횟수 : 주 _____ 회
· 치약 종류 : _____
· 칫솔 종류 : _____

냥님의 양치 날짜를 기록해주세요!

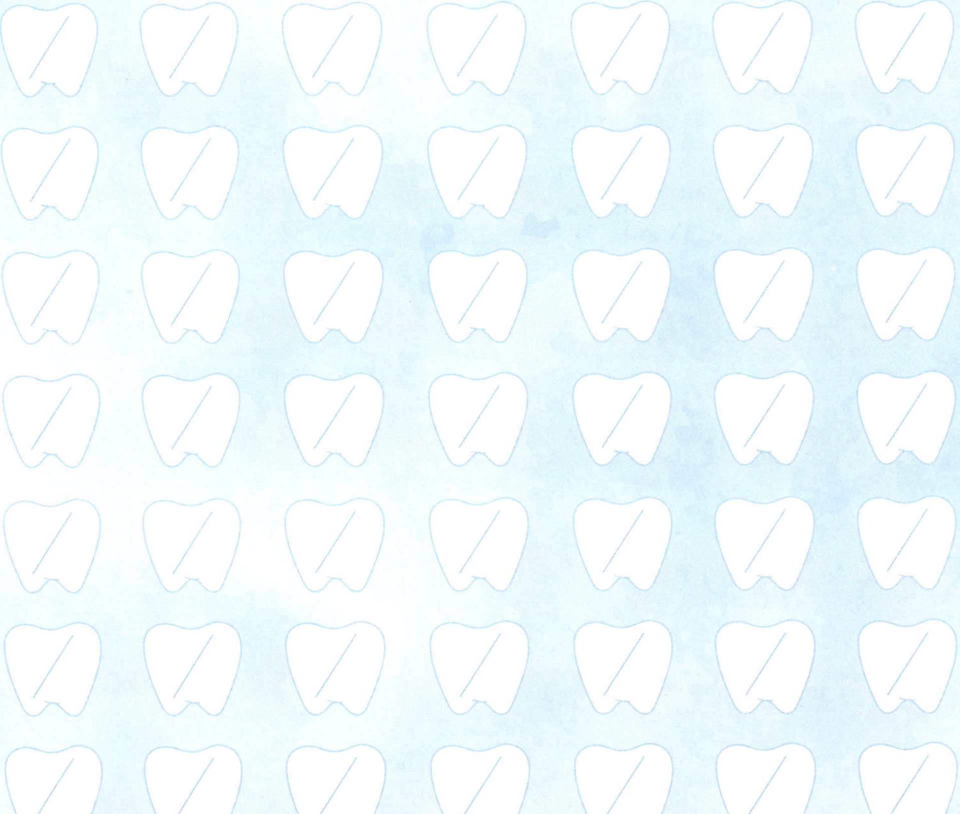

· 관리 횟수 : 주 _____ 회
· 치약 종류 : _____
· 칫솔 종류 : _____

냥님의 귀 청소 날짜를 기록해주세요!

· 관리 횟수 : 월 _____ 회

· 청소 방법 : 일반 / 염증

· 세정제 종류 : _____

냥님의 귀 청소 날짜를 기록해주세요!

· 관리 횟수 : 월 _____ 회
· 청소 방법 : 일반 / 염증
· 세정제 종류 : _____

냥님의 목욕 날짜를 기록해주세요!

· 관리 횟수 : 월 _____ 회
· 목욕 방법 : 펫샵 이용 / 집사 관리
· 샴푸·린스 종류 : _____

냥님의 털 관리 날짜를 기록해주세요!

· 관리 횟수 : 일 / 주 _____ 회
· 브러시 종류 : _____

냥님의 털 관리 날짜를 기록해주세요!

· 관리 횟수 : 일 / 주 _____ 회
· 브러시 종류 : _____

냥님의 털 관리
날짜를 기록해주세요!

· 관리 횟수 : 일 / 주 _____ 회
· 브러시 종류 : _____

냥님의 미용
날짜를 기록해주세요!

· 관리 횟수 : _____달 _____회
· 미용 방법 : 펫샵 이용 / 집사 관리
· 미용 스타일 : _____

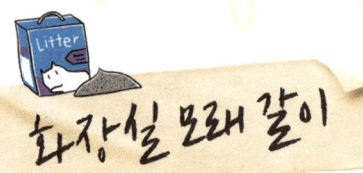

냥님의 화장실 관리 날짜를 기록해주세요!

· 관리 횟수 : 주 / 월 _____ 회

· 모래 종류 : _____

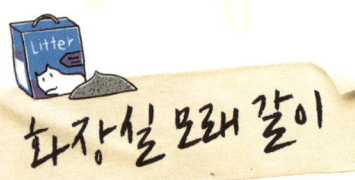

화장실 모래 갈이

냥님의 화장실 관리 날짜를 기록해주세요!

· 관리 횟수 : 주 / 월 _____ 회

· 모래 종류 : _____

먹거리

사료와 간식거리 구매 목록을 기록하여
반려묘의 식성 및 체중을 관리해주세요.

구입 일자	구입 목록 / 구입처	중량 (kg)	급여방식 및 급여량	유통기한	기호도	메모

구입 일자	구입 목록	중량 (kg)	급여방식 및 급여량	유통기한	기호도	메모
	구입처					

사료와 간식거리 구매 목록을 기록하여
반려묘의 식성 및 체중을 관리해주세요.

구입 일자	구입 목록 / 구입처	중량 (kg)	급여방식 및 급여량	유통기한	기호도	메모

구입 일자	구입 목록 / 구입처	중량 (kg)	급여방식 및 급여량	유통기한	기호도	메모

냥님 예방접종 프로그램

예방접종을 할 때 이것만은 지켜주세요!

1. 기생충, 질병, 영양 상태, 환경변화 등을 고려해야 합니다. 수의사와 상담하세요.
2. 예방접종 후 1주일 정도는 목욕, 미용, 이사 등의 스트레스 상황을 주지 말아야 합니다.
3. 예방접종 당일에는 장에 부담이 되는 육류, 간식 등을 삼갑니다.
4. 예방접종 후 경우에 따라 여러 증상이 나타날 수 있으니 잘 관찰해야 합니다.

접종 분류	예방 접종 명	접종 간격	추가 접종
정기적 관리	종합 백신(FVRCP+CH)	3~4주 간격, 총 3회	매년
	광견병(Rabies)	종합 백신 3차 접종 시 함께 접종 1회	
	곰팡이성 피부병 백신(Ringworm)	3주 간격, 총 2회	
주기적 관리	심장사상충(Heart Worm)	계절에 따라 상의 (•매년 감염여부 확인)	
	외부 / 내부 기생충(Deworming)		
특별 관리	항체가 검사	필요 시 연 1회 or 2~3년 1회	
	고양이 전염성 복막염(FIP)	항체가 검사 후 항체 형성이 안 된 경우 접종	
	백혈병 백신(FeLV)		
	정기 검진 및 진찰 기록		

종합 백신 FVRCP+CH

바이러스성 비기관지염(R), 칼리시바이러스(C), 범백혈구 감소증(P), 클라미디아(CH) 감염을 예방합니다.

*생후 8주령에 기초 접종(3~4주 간격 총 3회), 이후 연 1회 추가접종

부작용 유 / 무

예정일 DATE DUE	접종일 DATE GIVEN	예방약 VACCINE USED	수의사 서명 SIGNATURE
❶			
❷			
❸			

예정일 DATE DUE	접종일 DATE GIVEN	예방약 VACCINE USED	수의사 서명 SIGNATURE

광견병
Rabies

인수공통감염병으로 사람을 포함한 모든 온혈 동물의 중추신경계로 침입하여 급성 뇌질환을 일으킵니다. 한 번 발병하면 거의 사망에 이르는 치명적인 질병입니다.

봄철 광견병 예방접종 : 시술료 5,000원에 가능(해당 자치구 또는 120 다산콜센터에 문의)

*종합백신 3차 접종 시 함께접종, 이후 연 1회 추가 접종

부작용 유 / 무

예정일 DATE DUE	접종일 DATE GIVEN	예방약 VACCINE USED	수의사 서명 SIGNATURE
❶			

예정일 DATE DUE	접종일 DATE GIVEN	예방약 VACCINE USED	수의사 서명 SIGNATURE

곰팡이성 피부병 백신
Ringworm

진균(곰팡이)이 피부에 기생하여 발생하는 질병입니다. 간지럼증, 각질, 동그란 모양의 탈모 등이 동반됩니다. 전염성이 높고 사람에게도 옮을 수 있으니 예방이 무엇보다 중요합니다.

*생후 8주령 이상 기초 접종(3주 간격 총 2회), 이후 연 1회 추가접종

부작용 유 / 무

예정일 DATE DUE	접종일 DATE GIVEN	예방약 VACCINE USED	수의사 서명 SIGNATURE
❶			
❷			

예정일 DATE DUE	접종일 DATE GIVEN	예방약 VACCINE USED	수의사 서명 SIGNATURE

심장사상충
Heart Worm

모기를 통해 옮는 질병으로 모기가 눈에 띄는 1개월 전부터 사라진 뒤 1개월 후까지, 매월 1회 예방약을 투여하고 매년 감염 여부를 확인합니다. 기침, 호흡곤란, 식욕 부진, 혈뇨, 복수 등의 증상을 보입니다.

*심장사상충 예방약을 투여하기 전 감염여부 확인

부작용 유 / 무

예정일 DATE DUE	투여일 DATE WORMED	투여약 DRUG USED	예정일 DATE DUE	투여일 DATE WORMED	투여약 DRUG USED

예정일 DATE DUE	투여일 DATE WORMED	투여약 DRUG USED	예정일 DATE DUE	투여일 DATE WORMED	투여약 DRUG USED

기생충구제
Deworming

기생충에 감염된 냥님은 질병에 걸리기 쉽고 영양 상태와 건강이 나빠집니다.
내부, 외부 기생충 구제로 예방해주세요.

*외부 기생충 구제 : 월 1회, 내부 기생충 구제 : 2~3개월 1회   부작용 유 / 무

예정일 DATE DUE	투여일 DATE WORMED	투여약 DRUG USED 내부 / 외부	예정일 DATE DUE	투여일 DATE WORMED	투여약 DRUG USED 내부 / 외부
		내 / 외			내 / 외
		내 / 외			내 / 외
		내 / 외			내 / 외
		내 / 외			내 / 외
		내 / 외			내 / 외
		내 / 외			내 / 외
		내 / 외			내 / 외
		내 / 외			내 / 외
		내 / 외			내 / 외
		내 / 외			내 / 외
		내 / 외			내 / 외

예정일 DATE DUE	투여일 DATE WORMED	투여약 DRUG USED 내부 / 외부	예정일 DATE DUE	투여일 DATE WORMED	투여약 DRUG USED 내부 / 외부
		내 / 외			내 / 외
		내 / 외			내 / 외
		내 / 외			내 / 외
		내 / 외			내 / 외
		내 / 외			내 / 외
		내 / 외			내 / 외
		내 / 외			내 / 외
		내 / 외			내 / 외
		내 / 외			내 / 외
		내 / 외			내 / 외
		내 / 외			내 / 외
		내 / 외			내 / 외

항체가 검사
Antibody Titer Test

기존 예방 접종을 마친 경우에도 여러 가지 요인으로 항체가 생기지 않는 경우가 있습니다. 간단한 검사로 항체 수준을 확인할 수 있습니다.

부작용 유 / 무

예정일 DATE DUE	검사일 DATE TESTED	검사결과 RESULT	수의사 서명 SIGNATURE

예정일 DATE DUE	검사일 DATE TESTED	검사결과 RESULT	수의사 서명 SIGNATURE

고양이 전염성 복막염 FIP

고양이 코로나바이러스(Feline Corona virus) 변의에 의해 복수나 흉수가 차는 질병입니다. 발병률은 낮지만 고양이에게 치명적인 불치병입니다.

*항체가 검사 후 항체가 없을 경우에 접종

부작용 유 / 무

예정일 DATE DUE	접종일 DATE GIVEN	예방약 VACCINE USED	수의사 서명 SIGNATURE

예정일 DATE DUE	접종일 DATE GIVEN	예방약 VACCINE USED	수의사 서명 SIGNATURE

레트로바이러스에 의해 감염되는 질병으로 빈혈, 호흡곤란, 무기력, 체중 감소, 발열 등의 증상을 나타내는 골수 기능 이상을 일으킵니다. 필수 백신은 아니지만 야외생활을 하거나 다묘가정 등, 이 바이러스에 노출 될 가능성이 있는 고양이는 접종이 필요합니다.

*항체가 검사 후 항체가 없을 경우에 접종

부작용 유 / 무

예정일 DATE DUE	접종일 DATE GIVEN	예방약 VACCINE USED	수의사 서명 SIGNATURE

예정일 DATE DUE	접종일 DATE GIVEN	예방약 VACCINE USED	수의사 서명 SIGNATURE

진료기록
Medical Records

질병은 치료하는 것보다 예방하기가 훨씬 쉽고 경제적입니다. 또한, 병원 방문 기록을 남겨두는 것은 반려묘의 건강관리에 중요한 역할을 합니다.

날짜 DATE	진료 내용 MEDICAL NOTES
/ 수의사 서명 :	진단명 : MEMO:
/ 수의사 서명 :	진단명 : MEMO:
/ 수의사 서명 :	진단명 : MEMO:
/ 수의사 서명 :	진단명 : MEMO:
/ 수의사 서명 :	진단명 : MEMO:
/ 수의사 서명 :	진단명 : MEMO:
/ 수의사 서명 :	진단명 : MEMO:

날짜 DATE	진료 내용 MEDICAL NOTES
/ 수의사 서명 :	진단명 : MEMO:
/ 수의사 서명 :	진단명 : MEMO:
/ 수의사 서명 :	진단명 : MEMO:
/ 수의사 서명 :	진단명 : MEMO:
/ 수의사 서명 :	진단명 : MEMO:
/ 수의사 서명 :	진단명 : MEMO:
/ 수의사 서명 :	진단명 : MEMO:

진료기록
Medical Records

질병은 치료하는 것보다 예방하기가 훨씬 쉽고 경제적입니다. 또한, 병원 방문 기록을 남겨두는 것은 반려묘의 건강관리에 중요한 역할을 합니다.

날짜 DATE	진료 내용 MEDICAL NOTES
/ 수의사 서명 :	진단명 : MEMO :
/ 수의사 서명 :	진단명 : MEMO :
/ 수의사 서명 :	진단명 : MEMO :
/ 수의사 서명 :	진단명 : MEMO :
/ 수의사 서명 :	진단명 : MEMO :
/ 수의사 서명 :	진단명 : MEMO :
/ 수의사 서명 :	진단명 : MEMO :

날짜 DATE	진료 내용 MEDICAL NOTES
/ 수의사 서명 :	진단명 : MEMO :
/ 수의사 서명 :	진단명 : MEMO :
/ 수의사 서명 :	진단명 : MEMO :
/ 수의사 서명 :	진단명 : MEMO :
/ 수의사 서명 :	진단명 : MEMO :
/ 수의사 서명 :	진단명 : MEMO :
/ 수의사 서명 :	진단명 : MEMO :

- 너와 한 특별했던 모든 첫 경험을 잊지 못할 것 같아.
- 매일매일을 기억하고 싶어.
- 너와의 시간을 놓치지 않고 기록할거야.

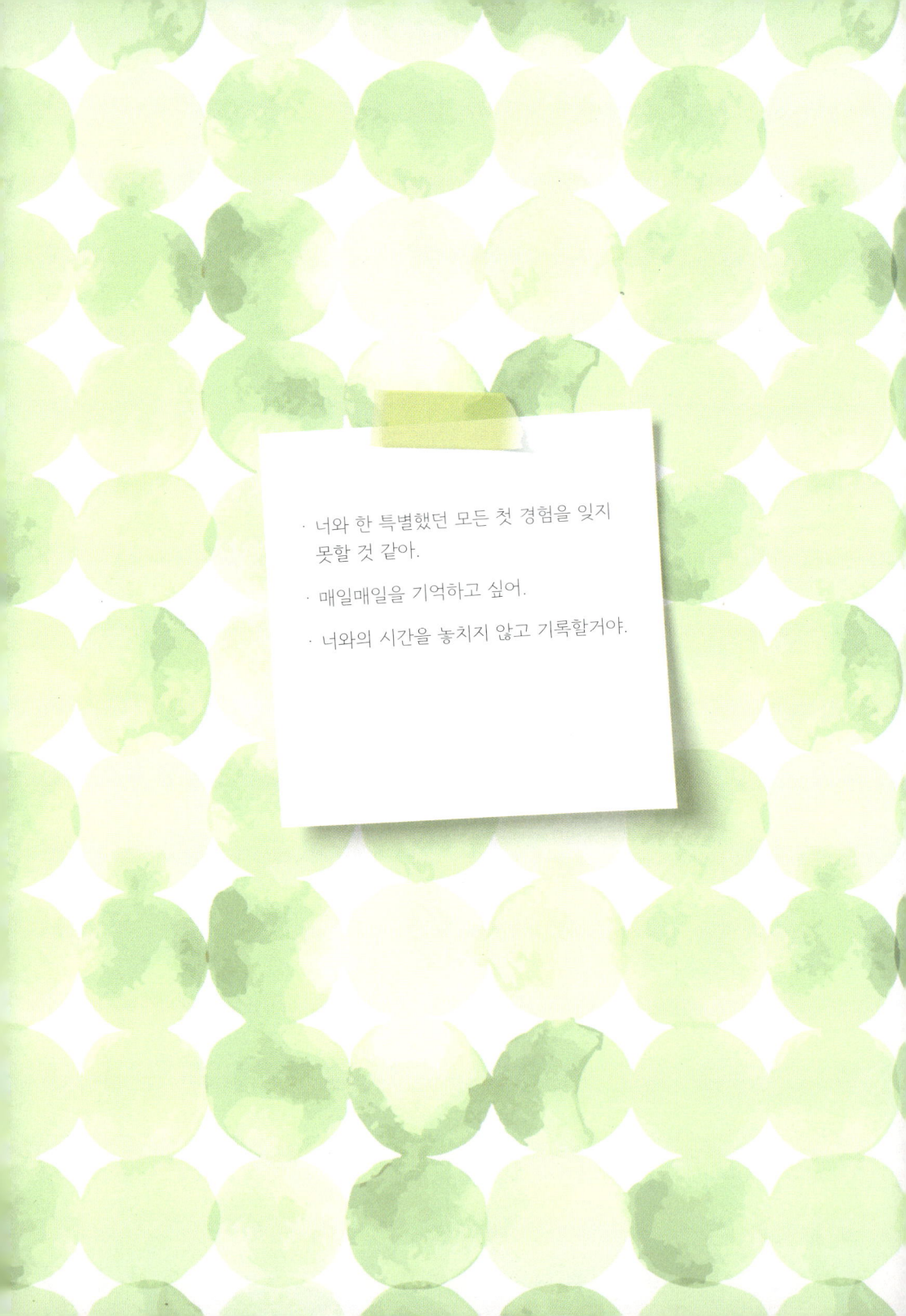

Part 3.
집사 일기장

☑ 스페셜데이 다이어리
☑ 데일리 다이어리

너와 나의 첫 만남

_____ 년 _____ 월 _____ 일

너의 집사가 되기까지 얼마나 오래 고민하고 준비했는지 몰라. 한 생명을 책임지는 일에 큰 무게가 느껴지기도 하지만 무척 설레기도 해.

두근두근 특별했던 우리의 첫 만남

이것이 바로 묘연?!

너를 처음 본 순간 바로 이 고양이다 싶었어.

너의 몸무게는 .... kg 였지.

너와 만난 장소는 .... (이)야.

너의 형제는 .... 마리야.

너의 모습은 마치 .... 같았어.

우리 오늘부터 1일!

너의 이름은 앞으로 .... 야.

내가 너의 평생 집사가 되어줄게.

잘 부탁해♥

_____ 년 _____ 월 _____ 일

스스로 대소변을 가리다니. "고양이는 털 빼고 완벽한 동물"이라는 말에 새삼 공감했어. 너희는 정말 깔끔하고 우아한 동물인 것 같아.

이제부터 이곳은 냥님의 비밀스러운 공간~

네가 가장 처음 쓴 모래는 _____ (이)야.

집에 와서 가장 먼저 _____ 을 누었지.

똑똑한 우리 _____

이제부터 너의 화장실은 _____ 야.

화장실 인사도 잘 끝냈으니

곧 화장실을 하나 더 장만해줄게.

넌 앞으로 이 화장실을 써주면 돼.

나도 내 화장실에서만 볼일 볼게!

첫 방문
동물병원

_____ 년 _____ 월 _____ 일

내가 동물병원에 갈 일이 생기다니. 나도 낯설고 신기했지만
넌 더 낯설고 두려웠겠지. 그래도 잘 참아줘서 고마워.

우리 냥님 무병장수는 집사하기 나름~

너와 내가 처음으로 간 병원은 _____ 이야.

_____ 때문에 병원에 갔어.

수의사 선생님을 처음 본

너의 반응은 _____.

수의사 선생님은 너를 보고

_____ 라고 했어.

앞으로 나와 오래오래 건강하게 살아야 하니

병원에도 조금씩 익숙해지자!

홀딱 반해버린 캣닢 경험

_____ 년 _____ 월 _____ 일

그냥 녹차 같기만 한 이 냄새에 무슨 힘이 있는 거야? 풀 냄새에 몸을 뒤집고 침을 흘리는 모습이 우스꽝스러웠지만 이 또한 잊지 못할 순간이야.

널 위해 준비했어, 첫 뿅(?)파티!

너의 첫 캣닢은 _____(이)야.

캣닢 냄새를 맡은

너의 첫 반응은 _____.

너의 표정은 _____ 보였어.

점점 _____ 하는 행동도 보였지.

너의 그런 모습을 보니 _____ 하다는 생각이 들었어.

기분이 어땠으려나 모르겠네...

스트레스 해소에 도움이 많이 됐을 거라 믿어.

냄새 빵빵한 새 캣닢 다음에 또 사다 줄게!

첫 유치 빠진 날

_____ 년 _____ 월 _____ 일

빠져버린 유치마저 버리지 못하고 있다니. '내가 진짜 고양이와 함께 살고 있구나' 하는 생각이 새삼스럽게 들어.

작고 소중한 내 고양이 일부

네가 처음 유치가 빠진 때는 _____ 였어.

유치를 처음 봤을 때
_____ 라는 생각이 들었어.

내가 처음 빠진 유치를 발견한 장소는

_____ 야.

누군가에겐 유난스러워 보이겠지만

난 네 빠진 유치를 _____ 보관 할거야.

_____ 년 _____ 월 _____ 일

난 징그러워서 잡을 수 없는 벌레를, 어쩜 그렇게 용감하게 잡는 거야? 이런 걸 보면 네가 나보다 낫다는 생각이 들어.

벌레까지 잡아주는 완벽한 너!

네가 처음 잡은 벌레는 .... 야.

살아있는 벌레를 처음 본 너는

.... 반응을 보였어.

너의 첫 벌레 사냥은 ☐ 성공 ☐ 실패 였어.

벌레 잡는 모습이 귀엽기도 하면서

.... 이 보였어.

다음에도 벌레를 부탁해!

아, 근데 먹지는 말아주라 ㅠ_ㅠ

_____ 년 _____ 월 _____ 일

너의 우주엔 나밖에 없을 텐데... 새로운 사람이 나타나서 놀랐지? 예쁜 우리 냥이를 너무 자랑하고 싶었어, 이해해 줘!

팔불출 집사를 용서해~

네가 처음으로 본 '낯선 사람'은 _____ 야.

낯선 사람을 본 너의 반응은 _____ !

너를 본 손님은 너를 보며

_____ 라고 했어.

너와 손님이 제일 먼저 한 일은 _____ 야.

낯선 사람이 와서 놀랐지? 미안해... 널 보여주고 싶어서 그만...

하지만, 앞으로 집에 이렇게 손님이 종종 올 거야.

그때마다 놀라지마...

그렇게 다른 사람을 조금씩 만나다 보면

사회성이 좋아질거야.

긴장 속 첫 목욕

_____ 년 ____ 월 ____ 일

냥님과 목욕은 어느 집사나 긴장되는 순간일 거야.
그래도 첫 목욕을 무사히 끝냈으니 나도 노하우가 생긴 것
같아. 다음엔 더 잘 할게!

너의 청결은 이 집사에게 맡기라고!

첫 목욕 때 너는 너무

_____ 했었어.

너는 목욕을 _____ 는 구나.

너를 목욕 시키고 난

_____ 하는 생각이 들었어.

평소에 그루밍 잘 하고!

똥만 묻혀오지 않으면!

목욕은 최대한 양보 해줄게.

더운 여름
첫 미용

_____ 년 ____ 월 ____ 일

털이 없는 너의 모습이 우스꽝스럽기도 하고 좀 낯설어.
털이 있을 때가 더 인형 같긴 했어... 미안해.
그래도 더 시원하게, 더 편하게 여름을 보낼 수 있을 거야.

인형 같던 너의 모습이 그립다!

네가 처음 미용을 한 곳은 _____.

미용하는 데는 _____ 시간이 걸렸어.

미용 후 _____ 표정의

너의 모습을 잊을 수가 없구나.

미용을 하고 난 너의 모습은 마치

_____ 같기도 했어.

첫 미용에 많이 놀랐을 텐데... 미안해!

석 달 후면 다시 털이 빵빵해지고 꽃 미모로 돌아올 거야.

Daily Diary

제목 : 　　　　　　　　　　　　　　　　　　년　월　일

+ 스티커

☐ 활력이 넘치는 몸짓　　☐ 맛있게 사료, 간식을 먹음　　☐ 대소변 횟수, 양, 상태가 평소와 같음
☐ 평소와 같이 그루밍을 함　☐ 눈꺼풀과 눈동자 이상 없음　☐ 피부에 상처나 염증 없음
☐ 귓속이 청결함　　　　　☐ 평소와 같이 스크래치를 함　☐ 치석, 치염, 입 냄새 없음

제목 : 　　　　　　　　　　　　　　　　　　년　월　일

+ 스티커

☐ 활력이 넘치는 몸짓　　☐ 맛있게 사료, 간식을 먹음　　☐ 대소변 횟수, 양, 상태가 평소와 같음
☐ 평소와 같이 그루밍을 함　☐ 눈꺼풀과 눈동자 이상 없음　☐ 피부에 상처나 염증 없음
☐ 귓속이 청결함　　　　　☐ 평소와 같이 스크래치를 함　☐ 치석, 치염, 입 냄새 없음

제목 : 　　　　　　　　　　　　　　　　　　년　월　일

+ 스티커

☐ 활력이 넘치는 몸짓　　☐ 맛있게 사료, 간식을 먹음　　☐ 대소변 횟수, 양, 상태가 평소와 같음
☐ 평소와 같이 그루밍을 함　☐ 눈꺼풀과 눈동자 이상 없음　☐ 피부에 상처나 염증 없음
☐ 귓속이 청결함　　　　　☐ 평소와 같이 스크래치를 함　☐ 치석, 치염, 입 냄새 없음

제목 : 　　　　　　　　　　　　　　　　　　년　월　일

+ 스티커

☐ 활력이 넘치는 몸짓　　☐ 맛있게 사료, 간식을 먹음　　☐ 대소변 횟수, 양, 상태가 평소와 같음
☐ 평소와 같이 그루밍을 함　☐ 눈꺼풀과 눈동자 이상 없음　☐ 피부에 상처나 염증 없음
☐ 귓속이 청결함　　　　　☐ 평소와 같이 스크래치를 함　☐ 치석, 치염, 입 냄새 없음

+
스티커

제목 :   년   월   일

☐ 활력이 넘치는 몸짓   ☐ 맛있게 사료, 간식을 먹음   ☐ 대소변 횟수, 양, 상태가 평소와 같음
☐ 평소와 같이 그루밍을 함   ☐ 눈꺼풀과 눈동자 이상 없음   ☐ 피부에 상처나 염증 없음
☐ 귓속이 청결함   ☐ 평소와 같이 스크래치를 함   ☐ 치석, 치염, 입 냄새 없음

+
스티커

제목 :   년   월   일

☐ 활력이 넘치는 몸짓   ☐ 맛있게 사료, 간식을 먹음   ☐ 대소변 횟수, 양, 상태가 평소와 같음
☐ 평소와 같이 그루밍을 함   ☐ 눈꺼풀과 눈동자 이상 없음   ☐ 피부에 상처나 염증 없음
☐ 귓속이 청결함   ☐ 평소와 같이 스크래치를 함   ☐ 치석, 치염, 입 냄새 없음

+
스티커

제목 :   년   월   일

☐ 활력이 넘치는 몸짓   ☐ 맛있게 사료, 간식을 먹음   ☐ 대소변 횟수, 양, 상태가 평소와 같음
☐ 평소와 같이 그루밍을 함   ☐ 눈꺼풀과 눈동자 이상 없음   ☐ 피부에 상처나 염증 없음
☐ 귓속이 청결함   ☐ 평소와 같이 스크래치를 함   ☐ 치석, 치염, 입 냄새 없음

+
스티커

제목 :   년   월   일

☐ 활력이 넘치는 몸짓   ☐ 맛있게 사료, 간식을 먹음   ☐ 대소변 횟수, 양, 상태가 평소와 같음
☐ 평소와 같이 그루밍을 함   ☐ 눈꺼풀과 눈동자 이상 없음   ☐ 피부에 상처나 염증 없음
☐ 귓속이 청결함   ☐ 평소와 같이 스크래치를 함   ☐ 치석, 치염, 입 냄새 없음

| 제목 : | 년 월 일 |

+ 스티커

- ☐ 활력이 넘치는 몸짓
- ☐ 맛있게 사료, 간식을 먹음
- ☐ 대소변 횟수, 양, 상태가 평소와 같음
- ☐ 평소와 같이 그루밍을 함
- ☐ 눈꺼풀과 눈동자 이상 없음
- ☐ 피부에 상처나 염증 없음
- ☐ 귓속이 청결함
- ☐ 평소와 같이 스크래치를 함
- ☐ 치석, 치염, 입 냄새 없음

| 제목 : | 년 월 일 |

+ 스티커

- ☐ 활력이 넘치는 몸짓
- ☐ 맛있게 사료, 간식을 먹음
- ☐ 대소변 횟수, 양, 상태가 평소와 같음
- ☐ 평소와 같이 그루밍을 함
- ☐ 눈꺼풀과 눈동자 이상 없음
- ☐ 피부에 상처나 염증 없음
- ☐ 귓속이 청결함
- ☐ 평소와 같이 스크래치를 함
- ☐ 치석, 치염, 입 냄새 없음

| 제목 : | 년 월 일 |

+ 스티커

- ☐ 활력이 넘치는 몸짓
- ☐ 맛있게 사료, 간식을 먹음
- ☐ 대소변 횟수, 양, 상태가 평소와 같음
- ☐ 평소와 같이 그루밍을 함
- ☐ 눈꺼풀과 눈동자 이상 없음
- ☐ 피부에 상처나 염증 없음
- ☐ 귓속이 청결함
- ☐ 평소와 같이 스크래치를 함
- ☐ 치석, 치염, 입 냄새 없음

| 제목 : | 년 월 일 |

+ 스티커

- ☐ 활력이 넘치는 몸짓
- ☐ 맛있게 사료, 간식을 먹음
- ☐ 대소변 횟수, 양, 상태가 평소와 같음
- ☐ 평소와 같이 그루밍을 함
- ☐ 눈꺼풀과 눈동자 이상 없음
- ☐ 피부에 상처나 염증 없음
- ☐ 귓속이 청결함
- ☐ 평소와 같이 스크래치를 함
- ☐ 치석, 치염, 입 냄새 없음

+ 스티커	제목 : 　　　　　　　　　　　　　　　　　년　월　일
	☐ 활력이 넘치는 몸짓　　☐ 맛있게 사료, 간식을 먹음　　☐ 대소변 횟수, 양, 상태가 평소와 같음 ☐ 평소와 같이 그루밍을 함　☐ 눈꺼풀과 눈동자 이상 없음　☐ 피부에 상처나 염증 없음 ☐ 귓속이 청결함　　　　☐ 평소와 같이 스크래치를 함　☐ 치석, 치염, 입 냄새 없음

+ 스티커	제목 : 　　　　　　　　　　　　　　　　　년　월　일
	☐ 활력이 넘치는 몸짓　　☐ 맛있게 사료, 간식을 먹음　　☐ 대소변 횟수, 양, 상태가 평소와 같음 ☐ 평소와 같이 그루밍을 함　☐ 눈꺼풀과 눈동자 이상 없음　☐ 피부에 상처나 염증 없음 ☐ 귓속이 청결함　　　　☐ 평소와 같이 스크래치를 함　☐ 치석, 치염, 입 냄새 없음

+ 스티커	제목 : 　　　　　　　　　　　　　　　　　년　월　일
	☐ 활력이 넘치는 몸짓　　☐ 맛있게 사료, 간식을 먹음　　☐ 대소변 횟수, 양, 상태가 평소와 같음 ☐ 평소와 같이 그루밍을 함　☐ 눈꺼풀과 눈동자 이상 없음　☐ 피부에 상처나 염증 없음 ☐ 귓속이 청결함　　　　☐ 평소와 같이 스크래치를 함　☐ 치석, 치염, 입 냄새 없음

+ 스티커	제목 : 　　　　　　　　　　　　　　　　　년　월　일
	☐ 활력이 넘치는 몸짓　　☐ 맛있게 사료, 간식을 먹음　　☐ 대소변 횟수, 양, 상태가 평소와 같음 ☐ 평소와 같이 그루밍을 함　☐ 눈꺼풀과 눈동자 이상 없음　☐ 피부에 상처나 염증 없음 ☐ 귓속이 청결함　　　　☐ 평소와 같이 스크래치를 함　☐ 치석, 치염, 입 냄새 없음

Daily Diary

제목 :　　　　　　　　　　　　　　　　년　　월　　일

＋
스티커

☐ 활력이 넘치는 몸짓　　☐ 맛있게 사료, 간식을 먹음　　☐ 대소변 횟수, 양, 상태가 평소와 같음
☐ 평소와 같이 그루밍을 함　　☐ 눈꺼풀과 눈동자 이상 없음　　☐ 피부에 상처나 염증 없음
☐ 귓속이 청결함　　☐ 평소와 같이 스크래치를 함　　☐ 치석, 치염, 입 냄새 없음

제목 :　　　　　　　　　　　　　　　　년　　월　　일

＋
스티커

☐ 활력이 넘치는 몸짓　　☐ 맛있게 사료, 간식을 먹음　　☐ 대소변 횟수, 양, 상태가 평소와 같음
☐ 평소와 같이 그루밍을 함　　☐ 눈꺼풀과 눈동자 이상 없음　　☐ 피부에 상처나 염증 없음
☐ 귓속이 청결함　　☐ 평소와 같이 스크래치를 함　　☐ 치석, 치염, 입 냄새 없음

제목 :　　　　　　　　　　　　　　　　년　　월　　일

＋
스티커

☐ 활력이 넘치는 몸짓　　☐ 맛있게 사료, 간식을 먹음　　☐ 대소변 횟수, 양, 상태가 평소와 같음
☐ 평소와 같이 그루밍을 함　　☐ 눈꺼풀과 눈동자 이상 없음　　☐ 피부에 상처나 염증 없음
☐ 귓속이 청결함　　☐ 평소와 같이 스크래치를 함　　☐ 치석, 치염, 입 냄새 없음

제목 :　　　　　　　　　　　　　　　　년　　월　　일

＋
스티커

☐ 활력이 넘치는 몸짓　　☐ 맛있게 사료, 간식을 먹음　　☐ 대소변 횟수, 양, 상태가 평소와 같음
☐ 평소와 같이 그루밍을 함　　☐ 눈꺼풀과 눈동자 이상 없음　　☐ 피부에 상처나 염증 없음
☐ 귓속이 청결함　　☐ 평소와 같이 스크래치를 함　　☐ 치석, 치염, 입 냄새 없음

제목 :   년   월   일

+
스티커

☐ 활력이 넘치는 몸짓   ☐ 맛있게 사료, 간식을 먹음   ☐ 대소변 횟수, 양, 상태가 평소와 같음
☐ 평소와 같이 그루밍을 함   ☐ 눈꺼풀과 눈동자 이상 없음   ☐ 피부에 상처나 염증 없음
☐ 귓속이 청결함   ☐ 평소와 같이 스크래치를 함   ☐ 치석, 치염, 입 냄새 없음

제목 :   년   월   일

+
스티커

☐ 활력이 넘치는 몸짓   ☐ 맛있게 사료, 간식을 먹음   ☐ 대소변 횟수, 양, 상태가 평소와 같음
☐ 평소와 같이 그루밍을 함   ☐ 눈꺼풀과 눈동자 이상 없음   ☐ 피부에 상처나 염증 없음
☐ 귓속이 청결함   ☐ 평소와 같이 스크래치를 함   ☐ 치석, 치염, 입 냄새 없음

제목 :   년   월   일

+
스티커

☐ 활력이 넘치는 몸짓   ☐ 맛있게 사료, 간식을 먹음   ☐ 대소변 횟수, 양, 상태가 평소와 같음
☐ 평소와 같이 그루밍을 함   ☐ 눈꺼풀과 눈동자 이상 없음   ☐ 피부에 상처나 염증 없음
☐ 귓속이 청결함   ☐ 평소와 같이 스크래치를 함   ☐ 치석, 치염, 입 냄새 없음

제목 :   년   월   일

+
스티커

☐ 활력이 넘치는 몸짓   ☐ 맛있게 사료, 간식을 먹음   ☐ 대소변 횟수, 양, 상태가 평소와 같음
☐ 평소와 같이 그루밍을 함   ☐ 눈꺼풀과 눈동자 이상 없음   ☐ 피부에 상처나 염증 없음
☐ 귓속이 청결함   ☐ 평소와 같이 스크래치를 함   ☐ 치석, 치염, 입 냄새 없음

Daily Diary

+
스티커

제목 :   년   월   일

☐ 활력이 넘치는 몸짓   ☐ 맛있게 사료, 간식을 먹음   ☐ 대소변 횟수, 양, 상태가 평소와 같음
☐ 평소와 같이 그루밍을 함   ☐ 눈꺼풀과 눈동자 이상 없음   ☐ 피부에 상처나 염증 없음
☐ 귓속이 청결함   ☐ 평소와 같이 스크래치를 함   ☐ 치석, 치염, 입 냄새 없음

+
스티커

제목 :   년   월   일

☐ 활력이 넘치는 몸짓   ☐ 맛있게 사료, 간식을 먹음   ☐ 대소변 횟수, 양, 상태가 평소와 같음
☐ 평소와 같이 그루밍을 함   ☐ 눈꺼풀과 눈동자 이상 없음   ☐ 피부에 상처나 염증 없음
☐ 귓속이 청결함   ☐ 평소와 같이 스크래치를 함   ☐ 치석, 치염, 입 냄새 없음

+
스티커

제목 :   년   월   일

☐ 활력이 넘치는 몸짓   ☐ 맛있게 사료, 간식을 먹음   ☐ 대소변 횟수, 양, 상태가 평소와 같음
☐ 평소와 같이 그루밍을 함   ☐ 눈꺼풀과 눈동자 이상 없음   ☐ 피부에 상처나 염증 없음
☐ 귓속이 청결함   ☐ 평소와 같이 스크래치를 함   ☐ 치석, 치염, 입 냄새 없음

+
스티커

제목 :   년   월   일

☐ 활력이 넘치는 몸짓   ☐ 맛있게 사료, 간식을 먹음   ☐ 대소변 횟수, 양, 상태가 평소와 같음
☐ 평소와 같이 그루밍을 함   ☐ 눈꺼풀과 눈동자 이상 없음   ☐ 피부에 상처나 염증 없음
☐ 귓속이 청결함   ☐ 평소와 같이 스크래치를 함   ☐ 치석, 치염, 입 냄새 없음

제목 :　　　　　　　　　　　　　　　　　년　　월　　일

＋
스티커

- ☐ 활력이 넘치는 몸짓
- ☐ 평소와 같이 그루밍을 함
- ☐ 귓속이 청결함
- ☐ 맛있게 사료, 간식을 먹음
- ☐ 눈꺼풀과 눈동자 이상 없음
- ☐ 평소와 같이 스크래치를 함
- ☐ 대소변 횟수, 양, 상태가 평소와 같음
- ☐ 피부에 상처나 염증 없음
- ☐ 치석, 치염, 입 냄새 없음

제목 :　　　　　　　　　　　　　　　　　년　　월　　일

＋
스티커

- ☐ 활력이 넘치는 몸짓
- ☐ 평소와 같이 그루밍을 함
- ☐ 귓속이 청결함
- ☐ 맛있게 사료, 간식을 먹음
- ☐ 눈꺼풀과 눈동자 이상 없음
- ☐ 평소와 같이 스크래치를 함
- ☐ 대소변 횟수, 양, 상태가 평소와 같음
- ☐ 피부에 상처나 염증 없음
- ☐ 치석, 치염, 입 냄새 없음

제목 :　　　　　　　　　　　　　　　　　년　　월　　일

＋
스티커

- ☐ 활력이 넘치는 몸짓
- ☐ 평소와 같이 그루밍을 함
- ☐ 귓속이 청결함
- ☐ 맛있게 사료, 간식을 먹음
- ☐ 눈꺼풀과 눈동자 이상 없음
- ☐ 평소와 같이 스크래치를 함
- ☐ 대소변 횟수, 양, 상태가 평소와 같음
- ☐ 피부에 상처나 염증 없음
- ☐ 치석, 치염, 입 냄새 없음

제목 :　　　　　　　　　　　　　　　　　년　　월　　일

＋
스티커

- ☐ 활력이 넘치는 몸짓
- ☐ 평소와 같이 그루밍을 함
- ☐ 귓속이 청결함
- ☐ 맛있게 사료, 간식을 먹음
- ☐ 눈꺼풀과 눈동자 이상 없음
- ☐ 평소와 같이 스크래치를 함
- ☐ 대소변 횟수, 양, 상태가 평소와 같음
- ☐ 피부에 상처나 염증 없음
- ☐ 치석, 치염, 입 냄새 없음

Daily Diary

+ 스티커

제목 :　　　　　　　　　　　　　　　　년　월　일

☐ 활력이 넘치는 몸짓　☐ 맛있게 사료, 간식을 먹음　☐ 대소변 횟수, 양, 상태가 평소와 같음
☐ 평소와 같이 그루밍을 함　☐ 눈꺼풀과 눈동자 이상 없음　☐ 피부에 상처나 염증 없음
☐ 귓속이 청결함　☐ 평소와 같이 스크래치를 함　☐ 치석, 치염, 입 냄새 없음

+ 스티커

제목 :　　　　　　　　　　　　　　　　년　월　일

☐ 활력이 넘치는 몸짓　☐ 맛있게 사료, 간식을 먹음　☐ 대소변 횟수, 양, 상태가 평소와 같음
☐ 평소와 같이 그루밍을 함　☐ 눈꺼풀과 눈동자 이상 없음　☐ 피부에 상처나 염증 없음
☐ 귓속이 청결함　☐ 평소와 같이 스크래치를 함　☐ 치석, 치염, 입 냄새 없음

+ 스티커

제목 :　　　　　　　　　　　　　　　　년　월　일

☐ 활력이 넘치는 몸짓　☐ 맛있게 사료, 간식을 먹음　☐ 대소변 횟수, 양, 상태가 평소와 같음
☐ 평소와 같이 그루밍을 함　☐ 눈꺼풀과 눈동자 이상 없음　☐ 피부에 상처나 염증 없음
☐ 귓속이 청결함　☐ 평소와 같이 스크래치를 함　☐ 치석, 치염, 입 냄새 없음

+ 스티커

제목 :　　　　　　　　　　　　　　　　년　월　일

☐ 활력이 넘치는 몸짓　☐ 맛있게 사료, 간식을 먹음　☐ 대소변 횟수, 양, 상태가 평소와 같음
☐ 평소와 같이 그루밍을 함　☐ 눈꺼풀과 눈동자 이상 없음　☐ 피부에 상처나 염증 없음
☐ 귓속이 청결함　☐ 평소와 같이 스크래치를 함　☐ 치석, 치염, 입 냄새 없음

+ 스티커

제목 :　　　　　　　　　　　　　　　　　년　월　일

☐ 활력이 넘치는 몸짓　　☐ 맛있게 사료, 간식을 먹음　　☐ 대소변 횟수, 양, 상태가 평소와 같음
☐ 평소와 같이 그루밍을 함　☐ 눈꺼풀과 눈동자 이상 없음　☐ 피부에 상처나 염증 없음
☐ 귓속이 청결함　　　　☐ 평소와 같이 스크래치를 함　☐ 치석, 치염, 입 냄새 없음

+ 스티커

제목 :　　　　　　　　　　　　　　　　　년　월　일

☐ 활력이 넘치는 몸짓　　☐ 맛있게 사료, 간식을 먹음　　☐ 대소변 횟수, 양, 상태가 평소와 같음
☐ 평소와 같이 그루밍을 함　☐ 눈꺼풀과 눈동자 이상 없음　☐ 피부에 상처나 염증 없음
☐ 귓속이 청결함　　　　☐ 평소와 같이 스크래치를 함　☐ 치석, 치염, 입 냄새 없음

+ 스티커

제목 :　　　　　　　　　　　　　　　　　년　월　일

☐ 활력이 넘치는 몸짓　　☐ 맛있게 사료, 간식을 먹음　　☐ 대소변 횟수, 양, 상태가 평소와 같음
☐ 평소와 같이 그루밍을 함　☐ 눈꺼풀과 눈동자 이상 없음　☐ 피부에 상처나 염증 없음
☐ 귓속이 청결함　　　　☐ 평소와 같이 스크래치를 함　☐ 치석, 치염, 입 냄새 없음

+ 스티커

제목 :　　　　　　　　　　　　　　　　　년　월　일

☐ 활력이 넘치는 몸짓　　☐ 맛있게 사료, 간식을 먹음　　☐ 대소변 횟수, 양, 상태가 평소와 같음
☐ 평소와 같이 그루밍을 함　☐ 눈꺼풀과 눈동자 이상 없음　☐ 피부에 상처나 염증 없음
☐ 귓속이 청결함　　　　☐ 평소와 같이 스크래치를 함　☐ 치석, 치염, 입 냄새 없음

Daily Diary

| | 제목 : | | 년 월 일 |

+ 스티커

- ☐ 활력이 넘치는 몸짓   ☐ 맛있게 사료, 간식을 먹음   ☐ 대소변 횟수, 양, 상태가 평소와 같음
- ☐ 평소와 같이 그루밍을 함   ☐ 눈꺼풀과 눈동자 이상 없음   ☐ 피부에 상처나 염증 없음
- ☐ 귓속이 청결함   ☐ 평소와 같이 스크래치를 함   ☐ 치석, 치염, 입 냄새 없음

제목 :　　　　　　　　　　　　　　　　　　　년 월 일

+ 스티커

- ☐ 활력이 넘치는 몸짓   ☐ 맛있게 사료, 간식을 먹음   ☐ 대소변 횟수, 양, 상태가 평소와 같음
- ☐ 평소와 같이 그루밍을 함   ☐ 눈꺼풀과 눈동자 이상 없음   ☐ 피부에 상처나 염증 없음
- ☐ 귓속이 청결함   ☐ 평소와 같이 스크래치를 함   ☐ 치석, 치염, 입 냄새 없음

제목 :　　　　　　　　　　　　　　　　　　　년 월 일

+ 스티커

- ☐ 활력이 넘치는 몸짓   ☐ 맛있게 사료, 간식을 먹음   ☐ 대소변 횟수, 양, 상태가 평소와 같음
- ☐ 평소와 같이 그루밍을 함   ☐ 눈꺼풀과 눈동자 이상 없음   ☐ 피부에 상처나 염증 없음
- ☐ 귓속이 청결함   ☐ 평소와 같이 스크래치를 함   ☐ 치석, 치염, 입 냄새 없음

제목 :　　　　　　　　　　　　　　　　　　　년 월 일

+ 스티커

- ☐ 활력이 넘치는 몸짓   ☐ 맛있게 사료, 간식을 먹음   ☐ 대소변 횟수, 양, 상태가 평소와 같음
- ☐ 평소와 같이 그루밍을 함   ☐ 눈꺼풀과 눈동자 이상 없음   ☐ 피부에 상처나 염증 없음
- ☐ 귓속이 청결함   ☐ 평소와 같이 스크래치를 함   ☐ 치석, 치염, 입 냄새 없음

| 스티커 | 제목 : | 년 월 일 |

- ☐ 활력이 넘치는 몸짓
- ☐ 평소와 같이 그루밍을 함
- ☐ 귓속이 청결함
- ☐ 맛있게 사료, 간식을 먹음
- ☐ 눈꺼풀과 눈동자 이상 없음
- ☐ 평소와 같이 스크래치를 함
- ☐ 대소변 횟수, 양, 상태가 평소와 같음
- ☐ 피부에 상처나 염증 없음
- ☐ 치석, 치염, 입 냄새 없음

| 스티커 | 제목 : | 년 월 일 |

- ☐ 활력이 넘치는 몸짓
- ☐ 평소와 같이 그루밍을 함
- ☐ 귓속이 청결함
- ☐ 맛있게 사료, 간식을 먹음
- ☐ 눈꺼풀과 눈동자 이상 없음
- ☐ 평소와 같이 스크래치를 함
- ☐ 대소변 횟수, 양, 상태가 평소와 같음
- ☐ 피부에 상처나 염증 없음
- ☐ 치석, 치염, 입 냄새 없음

| 스티커 | 제목 : | 년 월 일 |

- ☐ 활력이 넘치는 몸짓
- ☐ 평소와 같이 그루밍을 함
- ☐ 귓속이 청결함
- ☐ 맛있게 사료, 간식을 먹음
- ☐ 눈꺼풀과 눈동자 이상 없음
- ☐ 평소와 같이 스크래치를 함
- ☐ 대소변 횟수, 양, 상태가 평소와 같음
- ☐ 피부에 상처나 염증 없음
- ☐ 치석, 치염, 입 냄새 없음

| 스티커 | 제목 : | 년 월 일 |

- ☐ 활력이 넘치는 몸짓
- ☐ 평소와 같이 그루밍을 함
- ☐ 귓속이 청결함
- ☐ 맛있게 사료, 간식을 먹음
- ☐ 눈꺼풀과 눈동자 이상 없음
- ☐ 평소와 같이 스크래치를 함
- ☐ 대소변 횟수, 양, 상태가 평소와 같음
- ☐ 피부에 상처나 염증 없음
- ☐ 치석, 치염, 입 냄새 없음

냥님을 위한 적금

· 가입 날짜 : _____

· 가입 개월 수 : _____

냥님 이름 : _____

· 자동이체일 : _____

집사 이름 : _____

· 월 납입액 : _____

입금 때마다 통장에 체크해주세요!

· 만기금액 : _____

Part 4.
집사 가계부

☑ 냥님을 위한 적금
☑ 집사의 월별 지출
☑ 집사의 일별 지출

집사의
월별 지출

.... *year*

Jan.	₩:		Total
	₩:		₩:
	₩:		*Memo.*

Feb.	₩:		Total
	₩:		₩:
	₩:		*Memo.*

Mar.	₩:		Total
	₩:		₩:
	₩:		*Memo.*

Apr.	₩:		Total
	₩:		₩:
	₩:		*Memo.*

May.	₩:		Total
	₩:		₩:
	₩:		*Memo.*

Jun.	₩:		Total
	₩:		₩:
	₩:		*Memo.*

Jul.	₩:		Total
	₩:		₩:
	₩:		*Memo.*

Aug.	₩:		Total
	₩:		₩:
	₩:		*Memo.*

Sep.	₩:		Total
	₩:		₩:
	₩:		*Memo.*

Oct.	₩:		Total
	₩:		₩:
	₩:		*Memo.*

Nov.	₩:		Total
	₩:		₩:
	₩:		*Memo.*

Dec.	₩:		Total
	₩:		₩:
	₩:		*Memo.*

집사의
월별 지출

.... *year*

Jan.	₩:	Total
	₩:	₩:
	₩:	*Memo.*

Feb.	₩:	Total
	₩:	₩:
	₩:	*Memo.*

Mar.	₩:	Total
	₩:	₩:
	₩:	*Memo.*

Apr.	₩:	Total
	₩:	₩:
	₩:	*Memo.*

May.	₩:	Total
	₩:	₩:
	₩:	*Memo.*

Jun.	₩:	Total
	₩:	₩:
	₩:	*Memo.*

Jul.	₩:	Total
	₩:	₩:
	₩:	*Memo.*

Aug.	₩:	Total
	₩:	₩:
	₩:	*Memo.*

Sep.	₩:	Total
	₩:	₩:
	₩:	*Memo.*

Oct.	₩:	Total
	₩:	₩:
	₩:	*Memo.*

Nov.	₩:	Total
	₩:	₩:
	₩:	*Memo.*

Dec.	₩:	Total
	₩:	₩:
	₩:	*Memo.*

집사의
일별 지출

Date: /

₩:
₩:
₩:
₩:

Total ₩:

Memo.

Date: /

₩:
₩:
₩:
₩:

Total ₩:

Memo.

Date: /

₩:
₩:
₩:
₩:

Total ₩:

Memo.

Date: /

₩:
₩:
₩:
₩:

Total ₩:

Memo.

Date: /

₩:
₩:
₩:
₩:

Total ₩:

Memo.

Date: /

₩:
₩:
₩:
₩:

Total ₩:

Memo.

Date: /

₩:
₩:
₩:
₩:

Total ₩:

Memo.

Date: /

₩:
₩:
₩:
₩:

Total ₩:

Memo.

Date: /

₩:
₩:
₩:
₩:

Total ₩:

Memo.

Date: /	Date: /	Date: /
₩:	₩:	₩:
₩:	₩:	₩:
₩:	₩:	₩:
₩:	₩:	₩:
Total ₩:	Total ₩:	Total ₩:
Memo.	*Memo.*	*Memo.*

Date: /	Date: /	Date: /
₩:	₩:	₩:
₩:	₩:	₩:
₩:	₩:	₩:
₩:	₩:	₩:
Total ₩:	Total ₩:	Total ₩:
Memo.	*Memo.*	*Memo.*

Date: /	Date: /	Date: /
₩:	₩:	₩:
₩:	₩:	₩:
₩:	₩:	₩:
₩:	₩:	₩:
Total ₩:	Total ₩:	Total ₩:
Memo.	*Memo.*	*Memo.*

집사의
일별 지출

Date :   /   Date :   /   Date :   /
        ₩ :   ₩ :   ₩ :
        ₩ :   ₩ :   ₩ :
        ₩ :   ₩ :   ₩ :
        ₩ :   ₩ :   ₩ :
Total ₩ :   Total ₩ :   Total ₩ :
    Memo.   *Memo.*   *Memo.*

Date :   /   Date :   /   Date :   /
        ₩ :   ₩ :   ₩ :
        ₩ :   ₩ :   ₩ :
        ₩ :   ₩ :   ₩ :
        ₩ :   ₩ :   ₩ :
Total ₩ :   Total ₩ :   Total ₩ :
    Memo.   *Memo.*   *Memo.*

Date :   /   Date :   /   Date :   /
        ₩ :   ₩ :   ₩ :
        ₩ :   ₩ :   ₩ :
        ₩ :   ₩ :   ₩ :
        ₩ :   ₩ :   ₩ :
Total ₩ :   Total ₩ :   Total ₩ :
    Memo.   *Memo.*   *Memo.*

Date: /	Date: /	Date: /
₩:	₩:	₩:
₩:	₩:	₩:
₩:	₩:	₩:
₩:	₩:	₩:
Total ₩:	Total ₩:	Total ₩:
Memo.	*Memo.*	*Memo.*

Date: /	Date: /	Date: /
₩:	₩:	₩:
₩:	₩:	₩:
₩:	₩:	₩:
₩:	₩:	₩:
Total ₩:	Total ₩:	Total ₩:
Memo.	*Memo.*	*Memo.*

Date: /	Date: /	Date: /
₩:	₩:	₩:
₩:	₩:	₩:
₩:	₩:	₩:
₩:	₩:	₩:
Total ₩:	Total ₩:	Total ₩:
Memo.	*Memo.*	*Memo.*

집사의
일별 지출

Date :   /   Date :   /   Date :   /
         ₩ :   ₩ :   ₩ :
         ₩ :   ₩ :   ₩ :
         ₩ :   ₩ :   ₩ :
         ₩ :   ₩ :   ₩ :
Total ₩ :   Total ₩ :   Total ₩ :
   Memo.   *Memo.*   *Memo.*

Date :   /   Date :   /   Date :   /
         ₩ :   ₩ :   ₩ :
         ₩ :   ₩ :   ₩ :
         ₩ :   ₩ :   ₩ :
         ₩ :   ₩ :   ₩ :
Total ₩ :   Total ₩ :   Total ₩ :
   Memo.   *Memo.*   *Memo.*

Date :   /   Date :   /   Date :   /
         ₩ :   ₩ :   ₩ :
         ₩ :   ₩ :   ₩ :
         ₩ :   ₩ :   ₩ :
         ₩ :   ₩ :   ₩ :
Total ₩ :   Total ₩ :   Total ₩ :
   Memo.   *Memo.*   *Memo.*

Date: /	Date: /	Date: /
₩:	₩:	₩:
₩:	₩:	₩:
₩:	₩:	₩:
₩:	₩:	₩:
Total ₩:	Total ₩:	Total ₩:
Memo.	*Memo.*	*Memo.*

Date: /	Date: /	Date: /
₩:	₩:	₩:
₩:	₩:	₩:
₩:	₩:	₩:
₩:	₩:	₩:
Total ₩:	Total ₩:	Total ₩:
Memo.	*Memo.*	*Memo.*

Date: /	Date: /	Date: /
₩:	₩:	₩:
₩:	₩:	₩:
₩:	₩:	₩:
₩:	₩:	₩:
Total ₩:	Total ₩:	Total ₩:
Memo.	*Memo.*	*Memo.*

memo.

memo.

memo.